JN418831

경북의 종가문화 21

오천칠군자의 향기 서린,
안동 후조당 김부필 종가

경북의 종가문화 21

오천칠군자의 향기 서린,
안동 후조당 김부필 종가

기획 | 경상북도 · 경북대학교 영남문화연구원
지은이 | 김용만
펴낸이 | 오정혜
펴낸곳 | 예문서원

편집 | 유미희
디자인 | 김세연
인쇄 및 제본 | 주) 상지사 P&B

초판 1쇄 | 2013년 10월 31일

주소 | 서울시 성북구 안암동 4가 41-10 건양빌딩 4층
출판등록 | 1993년 1월 7일(제307-2010-51호)
전화 | 925-5914 / 팩스 | 929-2285
홈페이지 | http://www.yemoon.com
이메일 | yemoonsw@empas.com

ISBN 978-89-7646-310-4 04980
ISBN 978-89-7646-307-4 (전8권)

값 24,000원

경북의 종가문화 21

오천칠군자의 향기 서린,
안동 후조당 김부필 종가

김용만 지음

예문서원

지은이의 말

종가 책자는 시리즈물로서 느슨한 통일성을 기해야 한다는 방침에 따라 내용 목차를 구성하였다. 후조당종가는 필자와 본관을 같이하기 때문에 40여 년 전부터 출입하였다. 현 종손의 조부 김택진 옹을 생전에 뵈었고, 부친 김준식 선생은 오랜 기간 여러 가지 일로 뵙고 말씀을 들을 수 있었다. 1970년대 말부터 고문서를 접하면서 후조당 고문서에 대해 분석하고 논문으로 발표한 일이 있었다. 그리고 80년대 중반 도내 전역에 대한 전적 · 고문서 조사사업에 참여하면서 여러 문중을 찾아 종손 · 종부를 만나고 종가문화를 알아가게 되었다. 10여 년간 대학에서 강의와 연구를 하였다. 90년대 중반 도청에 들어와 약 20년 동안 문화재 업무를 맡으면서 도내 여러 문중의 문화재를 지정·보수·관리하는 과정에서 유림 어른들과 유대를 더욱 돈독히 하였다. 지금 문화재정책자문관으로 일하고 있는 것도 이러한 일들과 긴밀한 인과관계가 있기 때문이라고 생각된다. 그 연장선상에서 이 책을 집필하게 된 것으로 생각한다.

후조당종가를 맡아 원고를 쓰면서 부담이 큰 것도 사실이다. 최근 김준식 전 종손께서 작고한 관계로 종택의 깊은 내막을 직접 들을 수 없다는 점이 두고두고 아쉬움으로 남을 것 같다. 문중의 적극적인 협조와 농암 종손인 이성원 박사의 글을 통해 큰 도움을 받을 수 있었던 것은 그나마 다행한 일이다.

이 책은 모두 6장으로 구성되어 있다. 1장에서는 후조당 선대와 예안 외내 입향에 대하여 서술하였다. 먼저 광산김씨 후조당종가의 선대 유래와 예안의 문화적 특이성을 살펴보고 이어서 외내 복거와 그 후의 삶, 오천칠군자에 대하여 다루었다.

2장에서는 후조당에서 소장하고 있는 고문서·전적의 내용과 누대에 걸친 재산상속의 형태 및 소유 규모에 대하여 간략하게 서술하였다.

이어지는 3장에서는 후조당의 향사 및 묘제 절차와 축문을 소개하고 행사의 제수음식을 다루었다. 특별한 양반음식으로서 『수운잡방需雲雜方』의 내용을 간략히 소개한 다음 시대의 흐름에 따라 변해 가는 제의祭儀 내용을 살펴보았다.

4장은 건축물에 대한 서술로, 먼저 안동댐 건설과 집단이주의 과정을 살펴보고, 군자리의 건축문화유산을 소개하였다. 여기에 더하여 광산김씨 퇴촌공파의 주요 문화재에 대하여 살폈다.

5장에서는 후조당종가의 전통적인 가풍과 현대적 변용에 대하여 서술하였는데, 우선 종손의 조부 김택진 옹의 약전을 살펴보고, 다음으로 종손의 부친 김준식 선생에 대한 단상과 생전의 강의자료를 소개하였다. 이어서 지금 집을 지키고 있는 무안박씨 노종부 인터뷰자료를 중심으로 '종부의 삶에 대한 회상과 자식들에 대한 기대' 를 들어보았고, 끝으로 서울 사는 젊은 종손(김석중)의 진솔한 생각을 들어보았다.

마지막 제6장에서는 군자리 문화재단지 관리 · 운영의 현재적 상황과 미래의 전망에 대하여 종손의 숙부인 김방식 관장의 깊은 속내를 들어보았다.

이 종가시리즈 단행본이 개별 종가의 종인宗人은 물론이고 관심을 가진 일반인들에게도 종가문화를 접하는 길잡이 역할을 할 수 있도록 쉽고 알차고 재미있게 서술해 달라는 경북대학교 영남문화연구원의 요구가 있었지만, 필자에게는 매우 어려운 과제로 생각되었다. 후조당 김방식 관장, 이성원 박사, 김성규 선생의 도움과 경북대학교 종가연구팀 및 출판사의 노력을 통해 아담한 책자로 발간되었기에 각별한 감사의 뜻을 표한다.

2013년 6월

김용만

※ 본문은 이성원 선생이 2007년 『청량』지 3호에 기고한 「오천 한 마을, 군자 아닌 사람이 없다」를 참조하였습니다. 자료를 제공해 주신 이성원 선생에게 지면을 빌려 감사의 말을 전합니다.

차례

君子마을

제1장 후조당 선대와 예안 오천 입향

1. 광산김씨 후조당종가 선대 유래

영남 최대의 거족은 안동권씨이고 기호 최대는 연안이씨와 광산김씨가 꼽힌다. 이 가운데 광산김씨光山金氏는 전라남도 광산을 근거로 하는 거족으로, 조선시대에 시호諡號를 받은 분이 43명이고 문과급제자가 무려 265명이나 된다. 안동 전체의 조선시대 문과급제자가 366명이라 '인다안동人多安東' 이라 불렀다는 점에 비추어 보면 이 집의 영광을 짐작하고도 남음이 있다. 광산김씨는 고려 후기 서울로 진출해 서울 양반이 되었고, 그 가운데 한 파가 14세기 안동으로 내려왔다.

안동의 주류 성씨는 이런 과정을 거쳐 안동에 정착하였다. 가령 도산의 명문들, 이른바 '도산의 4대 가문' 으로 지목되는 진성이씨, 영천이씨, 봉화금씨도 광산김씨와 더불어 청송, 영천, 봉화에서 여말선초를 전후로 각각 안동으로 들어온 성씨이다.

안동 광산김씨는 전체 광산김씨 가운데 큰 비중을 차지하지는 않는다. 기호지방 광산김씨들은 조선 후기 정국의 주도적 세력이었지만 안동의 광산김씨는 그렇지 못했다. 영남 남인이 모두 그렇듯이, '남인' 으로 살았던 오천의 광산김씨 역시 권력과는 먼 삶을 영위하였다. 하지만 오천 광산김씨는 안동 최고의 명문 가운데 한 집으로 전혀 손색이 없다.

광산김씨는 신라의 왕자(헌강왕의 아들이라는 설과, 신무왕의 셋째 아들이라는 설이 있다)로 알려진 김흥광金興光을 시조로 하고 있다. 왕족으로 경주에 거주하던 김흥광이 신라 말기 혼란한 시기를 맞이하여 당시 무주武州 서일동西一洞에 우거하면서 광산김씨의 시조가 되었다고 한다. 현재 행정구역은 전라남도 담양군 평장동이다. 고려왕조가 개창된 후 태조 왕건이 토성분정土姓分定을 하였는데, 시조 김흥광이 광산부원군光山府院君에 봉해지면서 후손들은 광산을 본관으로 쓰게 되었다.

본관을 얻은 이후 점차 기반을 굳혀 간 광산김씨 일족은 고려 후기부터 중앙에 진출하였는데, 김련金璉(匡靖大夫僉議侍郎贊成事判版圖司事, 1215~1292)에 이르러 문반의 반열에 오르고, 그 아들 사원士元(三重大匡匡靖大夫僉議侍郎贊成事上護軍, 1257~1319)과 손자 진稹(匡靖大夫政堂文學藝文館大提學知春秋館事上護軍, 1292~?)이 현달하여 명문세족과 통혼하면서 크게 성장한다. 김진의 외조外祖는 문성공文成公 안향安珦이고, 처부妻父는 권윤명權允明(僉議評理上護軍)이며, 처외조妻外祖는 당대의 벌족閥族인 안동김씨 충렬공忠烈公 김방경金方慶(1212~1300)이다. 김진은 5남 2녀를 두었는데, 모두 당대의 세족과 혼인하였다. 후손들 가운데 정2품에 해당하는 평장사平章事를 8명이나 배출하면서 명문가로 자리매김하게 되고 세거지世居地 또한 평장동平章洞이라는 명칭으로 불리게 되었다.

안동으로 낙남落南한 후조당後彫堂종가는 시조로부터 14세인 양간공良簡公 김련金璉을 중시조中始祖로 한다. 예안 입향조入鄕祖인 농수聾叟 김효로金孝盧까지의 직계세계를 정리해 보면 다음과 같다.

그 세계는 이처럼 시조 김홍광으로부터 내려와 중시조 련璉(14세, 刑部上書 · 政堂文學, 1215~1291)－사원士元(15세, 贊成事)－진稹(16세, 政堂文學)－천리天利(17세, 奉翊大夫密直副使上護軍)－무務(18세, 朝奉大夫行濟用監少監)－숭지崇之(19세, 穆淸殿直)－회淮(20세, 陰城縣監)－효로孝盧(21세, 贈吏曹參判, 1454~1534)로 이어지는데, 중시조 김련金璉의 현손玄孫인 무務가 안동의 영가김씨永嘉金氏와 혼인함으로써 서울을 떠나 처향妻鄕으로 낙향하게 되었다. 낙향 초기에는 안동부 남쪽인 장인사동長仁寺洞(지금의 남선면)에 거주하다가 김회金淮에 이르러 풍산현豊山縣 도양동道陽洞으로 이주해 살았다. 그 후 효로孝盧에 이르러 비로소 예안현禮安縣 오천동烏川洞(순우리말로는 '외내')

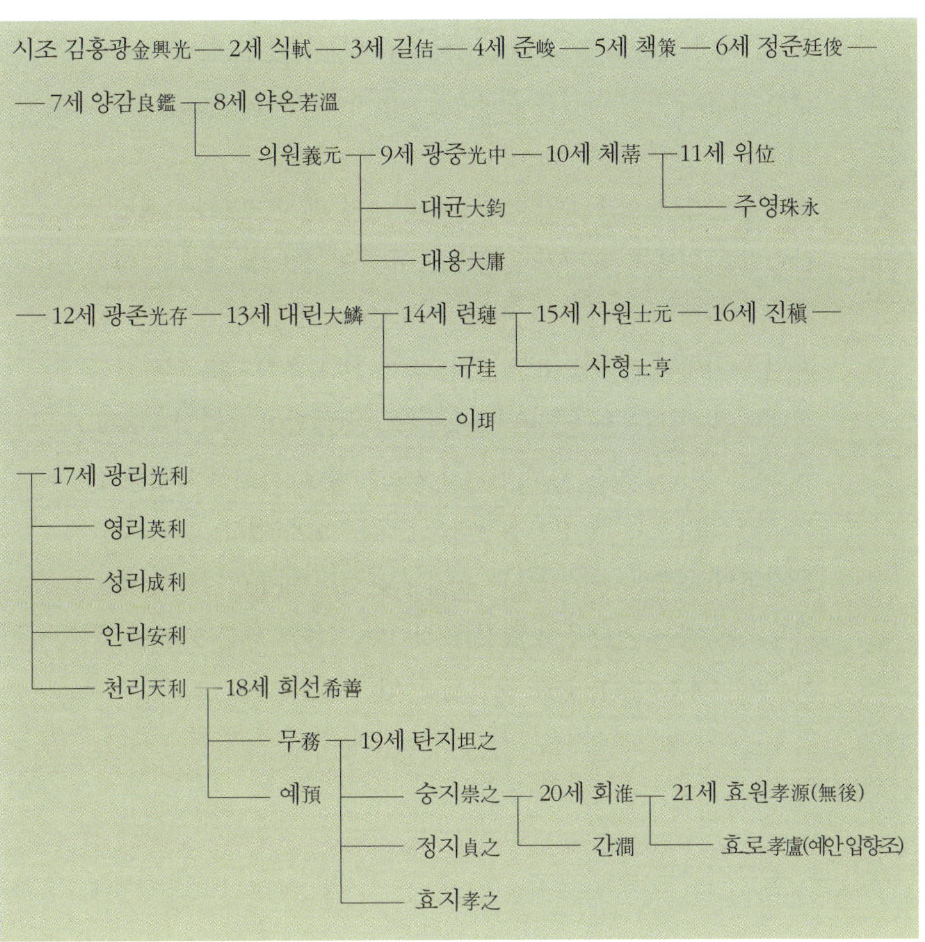

에 세거世居하게 되면서 이곳에 광산김씨 예안파禮安派가 형성되었다. 무의 아우 예預 계열은 광산김씨 밀직대언공파密直代言公派로 경북 군위군 효령면 병수동 등에 정착하여 지금도 거주하고

있다. 현대 인물로는 김성배 경상북도지사가 있고, 군위에서 출생한 고 김수환 추기경은 판군기감사공파判軍器監事公派(派祖는 金英利) 후손이다.(『양간공파보』 5권, 720쪽)

김천리金天利의 차남 김무金務는 고려 말에 조봉대부행제용감소감을 지냈는데, 당시 혼인 풍속이 남귀여가男歸女家의 형태를 취했기 때문에 혼인 후 처향妻鄕으로 옮겨 살게 되었다. 이러한 혼인과 거주의 형태는 조선 전기 200여 년간 뿌리 깊은 전통으로 존재하여, 성리학의 『주자가례朱子家禮』식 예법이 보급된 뒤로도 여전히 남아 있었다. 김무가 처향으로 낙남落南하면서 아들인 김효로는 외가에서 태어나 성장하였을 것으로 보인다. 그리고 안동지역의 유수한 양반가문과 중첩적 혼인이 이루어지면서 명문가로 성장하는 기틀을 마련했을 것이다. 이는 『광산김씨예안파보光山金氏禮安派譜』를 통해 확인할 수 있다.

2. 예안지역의 연혁과 오늘날의 군자리

광산김씨가 조선 초에 입향한 예안현은 고구려 때는 매곡현買谷縣이었다. 신라에 복속되면서 선곡善谷으로 바뀌었고, 내성군奈城郡 순흥順興의 영현領縣이 되었다. 고려 태조 때 성주城主 이능선李能宣이 거의擧義하여 고려에 귀순하였으므로 선성宣城으로 고쳐 군으로 승격되었다가, 1018년(현종 9)에 길주吉州(안동의 옛 이름)에 소속되었다. 1376년(우왕 2) 우왕이 자신의 태가 묻혔다 하여 다시 군으로 승격시켰다가 얼마 후 다시 주州로 승격시켰다. 1390년 공양왕이 감무監務를 두었고, 조선시대인 1413년 현감을 두었다. 1895년(고종 32)에 예안군이 되었다가 1914년 일제강점기에 안동군에 편입되었다. 지금은 안동시 관할구역이지만 역사적으로는 오랜 기간 독립적인 행정구역으로 있었던 것을 알 수 있다. 「관풍안觀風案」에 보면 "풍속은 절약하고 검소함을 숭상한다"고 하였고, 김효정金孝貞의 「동루시東樓詩」에는 "지역은 편소偏小하고 토질이 박薄하다"고 하였다.

군자리를 찾아 가는 길은 안동시청에서 도산서원 방향으로 35번 국도를 따라 차로 15분 정도 거리에 있다. 도로 표지판에는 '오천유적지烏川遺蹟地'라 되어 있다. 도산에 도산서원만을 생각하고 오는 사람들에게 이 유적은 하나의 경이이며 충격이다. '오천유적지'는 무엇이며, 무슨 연유로 저렇게 집단적으로 모여 있는가?

'오천유적지'는 안동 광산김씨 유적이다. '오천烏川'은 광산김씨 600년 세거지로, 우리말로 '외내'라 했다. '외내'는 마을 앞을 흐르는 내(川)가 한 줄기 맑은 개울을 이루면서 동남쪽으로 흐르다가 낙동강과 합류하여 기인된 이름이다. 물이 맑을 때 물밑에 깔린 돌을 멀리서 보면 검게 보인다고 하여 '오천'이라 하는데, '까마귀 오'(烏)자를 이두식으로 읽으면 '외'가 되어 '외내'라 했다. 그렇지만 지금 그 '외내'는 아니다. 안동댐 속으로 사라졌다. 그런 까닭으로 '도산구곡' 가운데 제1곡인 '운암곡雲巖曲'의 풍광은 어디에도 볼 수 없다. 광산김씨는 실향했다. 그렇지만 이들 유적들이 옛 모습을 잃고 이렇게 집단화되어 있다 하여 이 집의 전통과 영광이 손상되는 것은 아니다.

안동댐 건설로 말미암아 오천에 있던 종택 · 묘우 · 정사 · 강당 등을 포함한 여러 건물들이 수몰 위기에 처하자 약 2킬로미터 정도 떨어진 현재의 위치로 집단이건한 곳이 바로 오천유적지이다. 당시만 하더라도 국가적인 대규모사업을 시행할 때 개인의 재산에 대한 보상이 넉넉하지 못했으며, 이건하지 못하고 수몰된 건물도 많았다. 한 마을에 집성촌을 이루고 살던 일가들 중에 극히 일부만이 군자리 문화재단지에 들어왔으며, 나머지 일가들은 주변 여러 지역으로 흩어지는 아픔을 겪어야 했다. 안동은 두 개의 댐을 만들면서 현대판 실향민들이 대량으로 발생하였다. 전주류씨 문중이 집성촌을 이루며 살던 임동면의 무실(水谷), 박실(朴谷), 한들(大坪)도 같은 어려움을 겪었다.

예안의 문화유산을 아끼는 사람들이 모여 '도산구곡문화연대陶山九曲文化聯帶'를 결성하여 예안 특유의 문화적 특징을 살리려고 노력하고 있다. 이 지역에는 도산서원, 퇴계종택, 퇴계오솔길, 계상서당, 노송정종택(퇴계태실), 한국국학진흥원, 도산서원 선비문화수련원, 산림과학박물관, 휴양림, 농암종택 일곽, 용수사, 월천서당, 복원한 온계종택, 온혜온천, 청량산 청량사 등이 있으며, 벌써 3대문화권사업으로 대규모 예산을 투입하여 세계유교박물관, 유교컨벤션센터, 대규모 한옥숙박시설 등 유교문화단지 조성사업을 추진 중이다.

경북대 김문기 교수의 『경북의 구곡문화』(2008)에 보면, '안

청량사
9곡 청량곡
용수사
농암종택
고산정
취규정
8곡 고산곡
국망봉
침천정
온혜리
백운곡
취미헌
양평
청계서원
육사문학관
단천리
도산면
도계정사
상계
원천리
고구려서당
7곡단사곡
영지산
도산서원
하계
왕모산
4곡분천곡
5곡탁영곡
6곡천사곡
산림박물관
분천리
역동
국학문화회관
부포리
국학진흥원
예안향교
성재종택
3곡오담곡
보광사
예안서부리
겸재정
비암
2곡월천곡
역동유허비
월천서당
1곡운암곡
군자리
도산구곡

동은 산수의 고장이요 선비의 고을이라 구곡원림九曲園林이 많다' 고 한다. 도산구곡과 퇴계구곡은 퇴계退溪 이황李滉의 유적이 있는 명승지를 따라 설정된 곳이며, 임하구곡은 반변천半邊川 주변에 청계淸溪 김진金璡의 유적을 중심으로 설정되었다. 와계구곡은 와계臥溪 김성흠金聖欽의 구곡원림이며, 백담구곡은 백담栢潭 구봉령具鳳齡과 회곡晦谷 권춘란權春蘭을 배향한 와룡면의 백담서원栢潭書院에 설정되었다. 고산칠곡은 대산大山 이상정李象靖의 은거지인 일직면 미천眉川에 설정되었다. 군자리마을 뒷산으로 올라가면 도산구곡을 한눈에 조망할 수가 있다. 안동댐의 수위가 높아 원래의 경관은 부분적으로 잠겨 버렸지만, 아쉬운 대로 압축된 구곡의 모습을 볼 수 있어 다행이라면 다행이다. 구곡의 길이는 약 45리로 중국의 무이구곡武夷九曲에 버금가는 규모이다.

도산구곡은 황지에서 발원한 낙동강이 청량산淸凉山과 건지산騫芝山의 틈새를 뚫고 흘러가서 아홉 굽이 절경을 이루는 곳이다. 1곡은 운암곡으로 원래 광산김씨 오천 세거지 자리이기도 하다. 운암이라는 이름은 이곳의 운암산雲巖山 운암사雲巖寺라는 절 이름에서 기인한 것으로 보인다. 입향조의 장자 김연金緣의 호 또한 운암雲巖(운암산에서 따옴)이라 하였으니, 도산구곡과 광산김씨와의 관계가 어떠한지를 알고도 남음이 있으리라.

제1곡에 대한 시가 있어 소개하기로 한다.

일곡이라 바위구름 골짜기 배를 두르니　一曲巖雲繞壑船
작은 암자 서쪽으로 나가서 오천을 보네　小庵西出見烏川
그 해 역을 강론하고 문을 논의 하던 땅에　當年講易論文地
산의 국화 강의 단풍 어두운 안개에 잠겼네　山菊江楓鎖暝煙

안동댐 건설 이전에는 오천 세거지에서 운암 사계절의 아름다운 경치를 완상할 수 있었으니 요산요수樂山樂水하는 선비의 삶을 눈앞에 훤히 보는 듯하다.

2곡은 월천月川이다. 월천은 퇴계의 제자로 도산서원에 배향된 조목趙穆(1524~1606)이 태어난 마을이지만, 안동댐 건설로 대부분 수몰되었다. 3곡은 오담鰲潭, 4곡은 분천汾川이다. 분천은 월천에서 서북으로 5리쯤 떨어져 있다. 이곳은 농암聾巖 이현보李賢輔(1467~1555)가 태어나고 여생을 마친 곳이다. 30여 세의 연령 차이에도 불구하고 퇴계 이황과 친밀한 관계를 가졌다. 특히 그가 개작한 「어부가」는 퇴계의 「도산십이곡」 창작에 큰 영향을 미쳤다. 구한말에는 '부내', '분천汾川', '분강촌汾江村' 으로 불렸다. 분천리마을은 영천이씨 집성촌인데, 입향조 이헌李軒은 고려 말기 군기시소윤軍器寺小尹을 지낸 인물이다. 어지러운 세상을 피하여 고향인 영천을 떠나 천석泉石이 아름다운 이곳에 정착하였다. 분천기슭에는 속칭 귀먹바위(耳塞巖)라 하는 농암聾巖이 있는데, 문화재로 지정된 농암각석聾巖刻石은 수몰을 피해 종택이 있는 가송리로 옮겼다. 거기에 긍구당, 애일당, 분강서원, 농암신도비 등 각종 건물을 옮기고 종택을 지어 이제 안동의 명소가 되었다. 40년 전 안동댐 건설로 인한 엄청난 어려움 속에서 의연하게 문화유산을 지켜온 이성원 종손의 노고가 컸음을 짐작하고도 남음이 있다. 종손의 말에 의하면, 농암종가와 외내 군자리 후조당 종가는 500년 세의世誼를 이어오고 있으며, 죽초 김택진 어른께서는 농암종손을 만나면 '우리는 한집이라' 하시면서 군자리마을 약사略史를 짓게 하는 등 지금도 더없이 가까운 관계를 유지하고 있다고 한다. 이는 안동댐이 건설되기 전까지 500년의 세월을 지척인 부내 · 외내에 이웃해 살았기 때문이리라.

5곡은 탁영담濯纓潭이다. 낙동강물이 도산서원 앞에 이르러 한번 크게 굽이도는데, 이 굽이에 탁영담이 있다. 6곡은 천사곡川沙曲이다. 탁영담에서 물길을 거슬러 올라 5리쯤에 있다. 7곡은 단사丹砂이다. 단사마을 앞에 깨끗한 자갈밭 백사장이 5리나 펼쳐져 있고, 깎아지른 단사협 절벽이 병풍을 이루는 곳이다. 8곡은 고산孤山이다. 단사에서 북쪽으로 10리쯤에 있는데, 앞서 언급한 가송리이다. 농암종택이 옮겨온 곳으로, 청량산 줄기가 마을을 둘러싸고 있다. 가송협은 안동의 수많은 명승지 가운데 으뜸이라 할 수 있다. 9곡은 청량淸凉이다. 행정구역은 봉화군 명호면 북곡리이다. 이 굽이에서 조금 올라가면 퇴계가 머물렀던 청량정사가 있고, 여기서 조금 더 올라가면 청량사가 자리하고 있다.

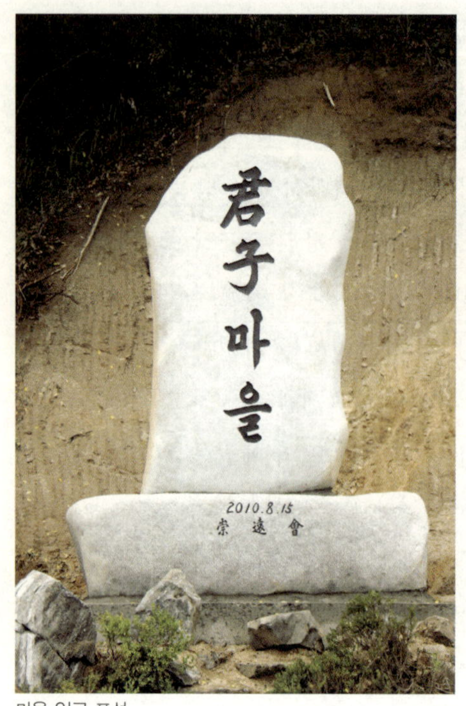

마을 입구 표석

퇴계는 이 굽이에 이르러 청량산 유람을 마치고 청량정사에 머물며 공부하였고, 후인들은 이곳을 도산구곡의 극처極處로 설정하였던 것이다. 청량산 열두 봉우리 높이 솟은 이곳은 유람이 끝나는 지점이지만, 동시에 학문의 최고 경지로 여겨지기도 했다.

다시 군자리로 돌아가자. 주차장에 차를 세우고 천천히 '오천유적지'로 들어간다. 입구에 '군자리君子里'라 쓴 아담한 표석이 놓여 있다. 문화관광부가 선정하고 전국문화원연합회가 뽑은 전국 세 곳 가운데 한 곳으로, 지금 유적 정비와 더불어 다양한 행사가 펼쳐지고 있다. 행사 가운데 '풋굿'과 '기로연耆老宴'은 매우 호평 받은 바 있고, 『수운잡방需雲雜方』의 음식인 '옛 식초 만들기' 체험과 '한문서당 운영' 등이 이루어지고 있는데, 이러한 일련의 일들이 모두 주민들과 더불어 이루어지니 더욱 바람직하다.

숭원각(유물전시관)

몇 걸음 옮기니 유적지 입구의 좌우 기둥에 '선경유방善慶遺坊'과 '유장백세流長百世'라 쓰여 있다. "선경이 남아 있는 동네, 그 가풍 백세 간다"라는 뜻이다. 이 말이 곧 이 집의 전통이요, 내방객들에게 전해 주고 싶은 메시지일 것이다. 그냥 지나친다면 그것은 적어도 이 집의 소리는 듣지 못하는 셈이 되고, 관광 또한 겉도는 것이 된다.

경내로 들어서면 좌측으로 커다란 현대식 건물이 바로 나타난다. 유물전시관이다. 이 집 유물들은 어마어마하다. '어마어마한 것들' 이 아이러니하게 안동댐으로 말미암아 빛을 보게 되었다. 안동댐이 아니었으면 상당 기간 세상에 알려지지 않았을 수도 있었다. 그 경위를 『오천군자리烏川君子里』에 실린 글 그대로 옮겨 보면 아래와 같다.

> 그러나 안동댐은 결과적으로 예안파 광산김씨로서는 그(유적의) 이전이 전화위복이 되었다. 종가를 해체하다가 대청 대들보와 지붕 사이의 감추어진 공간에서 수백 점의 귀하디귀한 보물이 쏟아져 나온 것이다. 더욱 입이 딱 벌어지도록 놀랐던 것은 광산김씨 예안파의 개기조開基祖인 농수 김효로의 증조부, 다시 말해서 한성에서 안동지방으로 맨 처음 이주해 온 조선왕조 초에 산 김무金務로부터 그의 21대 후손에 이르기까지 600여 년에 걸친 각종 고문서, 예컨대 교서 · 교지 · 호구단자 · 토지문권 · 분재기 · 노비문기 · 시권 · 혼서 등이 한 대의 누락도 없이 가지런히 발견된 사실이다.

유물들은 한국학중앙연구원으로 옮겨져서 『광산김씨오천고문서光山金氏烏川古文書』라는 이름으로 발간되었는데, 그 가운데 고문서 429점은 보물 제1018호로, 전적 61점은 보물 제1019호로 지정되었다. 연구에 의하면, 김련金璉(1215~1292)과 손자 김진金稹(1292~?)의 준호구 및 호구단자는 고려시대의 문서양식을 보여 주는 매우 귀중한 자료이며, 1429년 김무가 노비 225명을 아들, 사위, 친손, 외손자들에게 나누어 준 분재기(「金務許與文記」)는 여말선초의 사회상을 이해하는 데 매우 소중한 자료가 된다고 한다. 이외에도 볼만한 것들이 매우 많다. 이들 유물들은 이 집의 보물이지만 한편으로는 대한민국의 보물이다. 세부적인 내용은 뒤에서 다시 서술하기로 한다.

3. 외내 복거와 그 후의 삶

예안 입향 이후의 세계世系를 편의상 입향조 직계를 중심으로 하고, 금재琴梓 외의 사위는 생략하여 정리해 보면 다음과 같다.

오천은 김효로金孝盧(1454~1534)가 복거卜居함으로써 비롯되었다. 이분이 '외내' 터전을 열었다. 생원시험에 합격하고도 벼슬에 뜻이 없어 유유자적하며 생애를 마쳤다.

그는 예안파 입향조로서 자는 순경舜卿, 호는 농수聾叟 또는 춘포春圃이다. 음성현감陰城縣監을 지낸 회淮의 아들이다. 어머니는 숙부인淑夫人 안강노씨安康盧氏요 외조부는 현령 노응盧膺이다. 뒤에서 서술하겠지만 조선 전기 재산상속은 자녀에 평균분급平均分給을 하였기 때문에 외가로부터 상당한 재산을 물려받았고

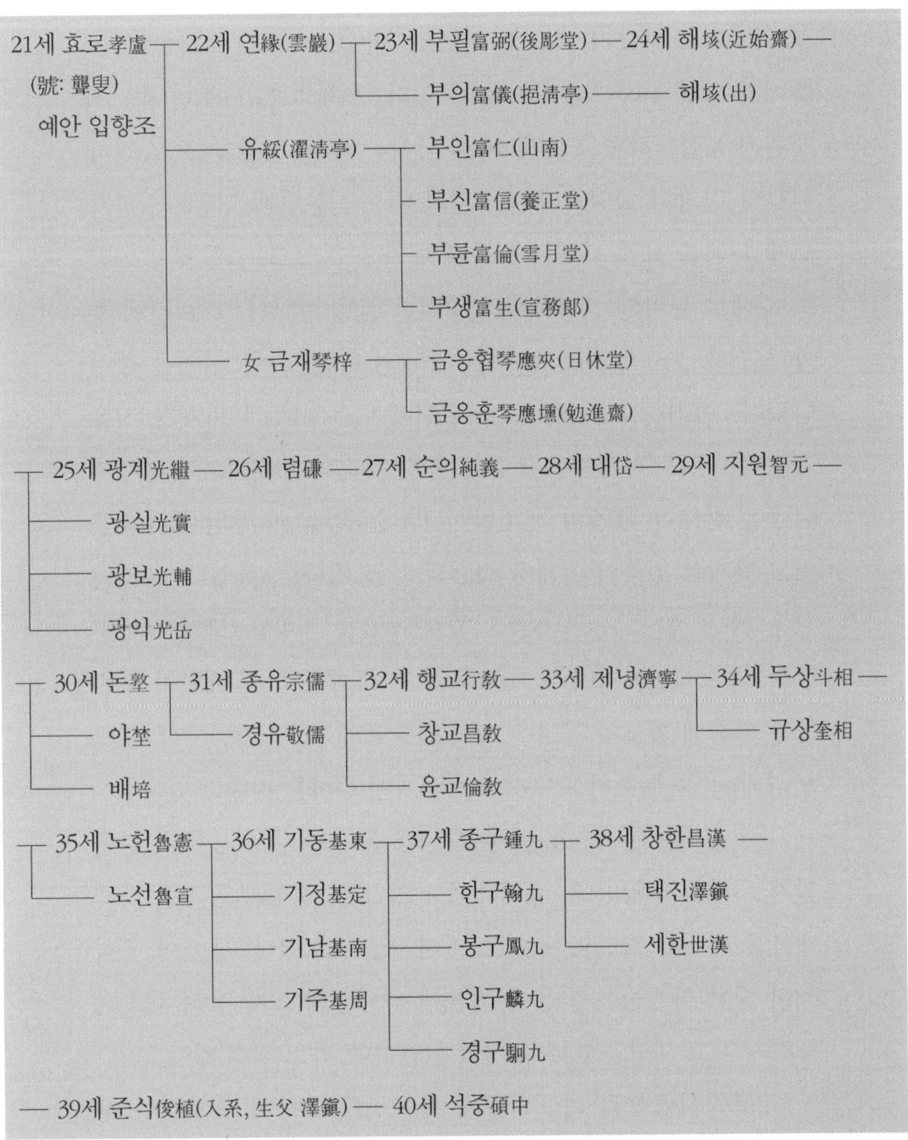
21세 효로孝盧
(號: 聾叟)
예안 입향조
22세 연緣(雲巖)
23세 부필富弼(後彫堂)
24세 해垓(近始齋)
부의富儀(挹淸亭)
해垓(出)
유綏(濯淸亭)
부인富仁(山南)
부신富信(養正堂)
부륜富倫(雪月堂)
부생富生(宣務郞)
女 금재琴梓
금응협琴應夾(日休堂)
금응훈琴應壎(勉進齋)
25세 광계光繼
26세 렴磏
27세 순의純義
28세 대岱
29세 지원智元
광실光實
광보光輔
광익光岳
30세 돈墪
31세 종유宗儒
32세 행교行敎
33세 제녕濟寧
34세 두상斗相
야埜
경유敬儒
창교昌敎
규상奎相
배培
윤교倫敎
35세 노헌魯憲
36세 기동基東
37세 종구鍾九
38세 창한昌漢
노선魯宣
기정基定
한구翰九
택진澤鎭
기남基南
봉구鳳九
세한世漢
기주基周
인구麟九
경구駉九
39세 준식俊植(入系, 生父 澤鎭)
40세 석중碩中

또 외가에서 자랐기 때문에, 이름도 '안강노씨에게 효도한다' 는 뜻에서 그렇게 지어졌다고 볼 수 있다. 26세 때인 1480년(성종 11) 생원시에 합격하였고 조행操行이 탁이卓異하여 일천逸薦으로 장차 현달할 전망이 있었으나 무오사화戊午士禍를 당해 영남사림파가 크게 피해를 보게 되면서 벼슬에 나가지 않았고, 안동에서 예안현 외내로 들어와 선비로서의 고결한 삶을 살았다. 1534년에 돌아가니 향년 81세였다. 장자長子 연緣의 현달로 이조참판을 증직받았다. 이러한 그의 행적은 『오천세적烏川世蹟』과 퇴계가 지은 묘갈명墓碣銘, 『선성지宣城誌』 등에 잘 나타나 있다. 그의 명성과 덕망을 흠모한 예안의 선비들이 1702년(숙종 28) 향현사鄕賢祠를 짓고 퇴계의 조부인 이계양李繼陽과 그를 병향幷享하였다. 본래는 같은 예안 출신의 농암聾巖 이현보李賢輔를 배향配享하였으나 분강서원汾江書院을 지어 위패를 옮겨 갔기 때문이다. 예안파 후손들은 나중에 별도의 사당을 지어 농수공과 그의 증손 근시재近始齋 김해金垓를 부조위로 모시고 지금까지 향사를 지내고 있다.

『선성지』에 "김효로는 청렴결백하고 스스로를 지켰다. 남을 억지로 사귀지 않았고, 질시하지도 않았다. 정성과 공경을 다해 제사를 지내고 효도와 우애로 자녀들을 가르쳤다. 행실이 우뚝하여 주위 사람들이 받들어 고을에서 등용해 크게 쓰려 했으나 응하지 않고 세상을 떠나니 애석한 일이다" 라고 적혀 있다.

'생원시험합격' 과 '벼슬에 뜻이 없음' 과 '유유자적한 생애' 는 후손들에게 하나의 삶의 모형을 제시해 주었고, 오천 광산 김씨 가풍의 근간으로 작용했다. 김효로는 내앞의 의성김씨의 입향조인 청계 김진金璡을 연상하게 하는, 입향의 기반을 반석 위에 올려놓은 그런 인물이었다.

김효로는 정부인貞夫人 양성이씨陽城李氏와의 사이에 아들 형제, 딸 자매를 두었는데, 아들 이름을 연緣과 유綏라 했고, 딸은 각각 김우金雨와 금재琴梓에게 시집갔다. 연은 문과급제하여 경주부윤, 강원감사를 역임했고, 유는 생원시험에 합격했지만 아버지처럼 고향을 지켰다. '유' 를 한자로 '綏' 로 쓰는데, 옥편에 '수' 라 하여 '김수' 라 표기한 글이 보이지만 이 집에 물어보니 "김유가 맞다" 라고 했다.

'군자리' 에 대한 소개를 쓰나 보면 글의 흐름이 자연 '오천 칠군자' 에 집중되어 이들의 아버지들인 김연, 김유 형제에 대해서는 소홀해지기 쉬운데, 그러면 안 된다. 왜냐하면 이들 형제가 사실 '오늘의 외내' 를 있게 만든 장본인들이니까 말이다.

김연(1487~1544)의 자는 자적子迪, 호는 운암雲巖 또는 죽연竹淵이다. 종고모부 김만균金萬均(이조판서 金淡의 아들)이 "이 아이는 워낙 영특하여 반드시 이름을 날릴 것" 이라 했는데, 과연 문과에 합격했고 시관試官 김안국金安國이 그를 수석으로 뽑지 못함을 못내 아쉬워했다는 기록이 있다. 노모봉양을 위해 외직을 자청하여 나오니, 많은 친구들이 전별시를 써 주었다. 이때 인물들의 면모를 보면 김연의 교유의 폭을 짐작하게 하는데, 이언적, 이황, 이장곤, 성세창, 이자, 송인수, 정응두, 나세찬 등의 이름이 보인다. 이때 받은 전별시들이 지금도 고스란히 종택에 보존되어 있다.

그는 조선 초기의 관료로 예안파 인물로는 가장 높은 벼슬을 역임한 인물이다. 1510년(중종 5) 생원 · 진사 양시에 합격하였고, 1519년(중종 14) 식년문과式年文科에 급제하여 승문원부정자, 예문관검열, 춘추관기사관, 예문관봉교를 지냈다. 1524년 사간원정언으로 김안로金安老를 탄핵하였고, 사헌부지평으로 있을 때 심언광 · 채무택 등이 김안로의 재기용을 주장하자 이언적과 함께 이를 거부하였다. 재집권한 김안로에 의해 1537년 경성판관鏡城判官으로 좌천되기도 했다. 그해 김안로가 사사되자 중종이 불러 말하기를 "안로의 간사함을 알지 못하고 무고한 사람을 원읍遠邑에 고생케 하였다"라고 했다.

다시 사간으로 기용되었고, 이듬해인 1538년 중시重試(당하관 이하 문무관에게 10년마다 한 번씩 보게 했던 시험)에 합격하면서 경연참찬관 우승지로서 부모봉양을 위해 향리의 이웃인 영주군수를 자원하여 잠시 귀성하기도 했다. 다시 가선대부로 강원도관찰사를 지내고 1544년에 경주부윤으로 졸하니, 중종과 동궁이 부의賻儀를 내려 예관으로 하여금 사제賜祭하였다. 회재 이언적이 제문을 지어 "항상 충효를 떠나지 아니하고 조행을 정직하게 지켰다"(志存忠孝操守正直)라고 하였다. 가는 곳마다 선정을 베풀었으니 후학

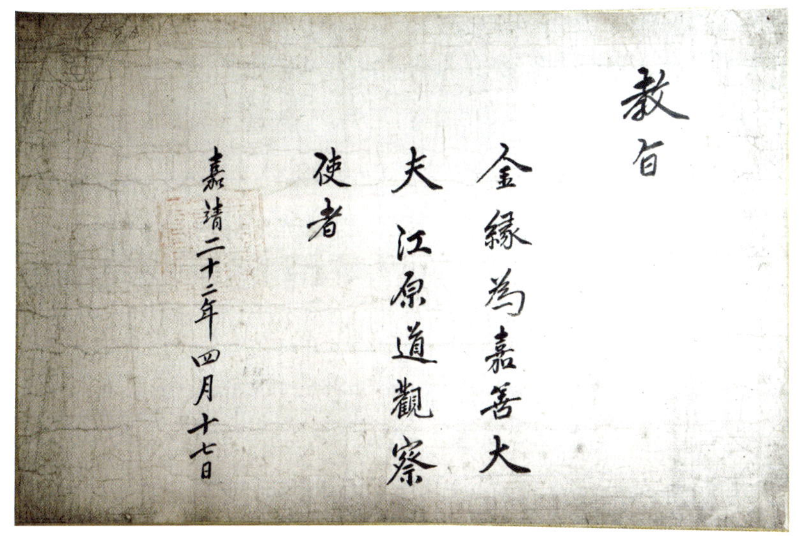

教旨

金緣爲嘉善大夫江原道觀察使者

嘉靖二十二年四月十七日

김연 관찰사 임명 교지

이 사우祠宇를 건립하여 향사하였으며, 저서로 『운암일고雲巖逸稿』가 있다. 정부인 창녕조씨昌寧曺氏와의 사이에 2남 3녀가 있으니, 부필富弼 · 부의富儀와 사위 김난종金蘭宗 · 이용李容 · 박은눌朴恩訥이다.

김연은 성균관 유생을 대표하여 정암 조광조의 신원을 요구하는 「청신원조정암소請伸寃趙靜菴疏」(代館學儒生作)를 올렸으니 정암이 역적인 상태에서 감히 이러한 글을 올린 것은 물론이요 그 내용 중 혹독하게 임금을 비판한 것 또한 가히 목숨을 걸지 않고

서는 할 수 없는 일이었다.

그는 사간원정언의 자리에서 보름 동안 투쟁하여 훈구실력자로서 '파행정국을 주도했다'는 평을 들은 김안로를 기어코 물러나게 할 만큼 기개를 갖춘 인물이었다. 그래서 그가 죽자 이언적은 "정기가 우뚝하고 기품과 자질이 남달리 뛰어났을 뿐만 아니라 뜻은 충효에 두고 행동은 언제나 정도만 지켰다"라고 추모했던 것이다.

사람들은 모른다. 가문 최초의 문과급제, 경주부윤과 강원감사 역임, 김안로의 축출, 동방오현으로 존경받는 회재 이언적 및 퇴계 이황과의 교유, 이런 언어가 얼마나 광휘를 발하는가를! 그런 생애를 보낸 김연이 있었기에 광산김씨 예안파가 존재한다.

번암樊巖 채제공蔡濟恭이 찬撰하고 오유익이 쓰고 강세황이 전篆을 하여 1812년(순정 4, 임신년)에 세운 그의 신도비명神道碑銘을 보면 그의 사람 됨됨이가 함축되어 있다.

추로지향에 태어났으니	公生鄒魯
그 덕이 외롭지 않네.	其德不孤
불의를 배척하고 도학을 강론할 때	斥邪講道
항상 회재선생과 함께하였네.	晦老與俱
공의 행적이 어찌 드러나지 않았다고 말하랴	豈曰不彰
작은 허물만 있어도 크게 그르치는 것을.	少騫多躓

아들은 퇴계 같은 훌륭한 스승을 얻어	有子得師
공문사과孔門四科의 하나에 들었다네.	四科之一
손자는 임진란 때 의병을 일으켜	有孫抗義
맹세를 실천하여 장렬히 전사하였네.	復矢之烈
가정에서 가르침을 받지 않았다면	不有訓迪
이들이 어디에서 이것을 본받았으랴.	于何承式
퇴계선생 돌아가신 이후로는	陶山其頹
누가 그 덕을 천양할 수 있으랴.	孰揚厥德
나의 이 명銘은 근거가 있으니	我銘有受
그 새긴 내용이 드러나지 않겠는가.	不顯其刻

그렇다면 김유金綏(1491~1555)는 어떤 인물인가? 호를 '탁청정濯淸亭'이라 했는데, 형님을 대신해 집을 지키면서 이 집의 가풍 확립에 결정적인 역할을 했다. 역시 김만균이 사랑하여 집에 데려다 자식처럼 길러주고 후일 재산을 물려주기까지 했다. 김유는 당시 예안을 지나는 선비는 물론이고 초라한 과객들까지도 먹고 쉬어가게 했으니, 이는 인품과 풍류, 그리고 접빈객의 너그러움을 갖추었기에 가능한 일이었다.

김유는 무인형武人型의 인물이었는데, 생전에 특이한 책 한 권을 남겼다. 바로 『수운잡방需雲雜方』으로, 그는 조선시대 식생활문화를 알려주는 귀중한 요리서인 이 책의 전편前篇의 저자이다. 후손인 전 서울대 김용직 교수(도올 김용옥 교수의 형)의 표현대로 "참으로 신선한 화제가 제공된" 그런 책이다. 중요한 조리의 내용은 제3장에서 소개하기로 한다.

김유는 자가 유지綏之, 호가 탁청정濯淸亭이며, 1491년(성종 22) 광산김씨 오천 입향조인 김효로의 둘째 아들로 태어났다. 장자 부인富仁의 현달로 호조참판을 추증받았으며, 순천김씨順天金氏 수홍粹洪의 딸을 맞아들여 슬하에 4남 2녀를 두었다. 위로 세 아들은 퇴계의 문인이었고, 네 아들 모두가 문무에 정진하여 군자로서의 성망이 높았다. 그는 1525년(중종 20) 생원시에 합격하였으나, 더 이상 관직에 뜻을 두지 않고 안동군 예안면 오천동에 거주하며 집안을 돌보았다.

> 성품이 호협하여 빈객을 좋아했다. 집 옆에 정자가 있었는데, 모두 수리하여 확장하고 손님을 맞이하니 선비들이 이 고을을 지나면 반드시 찾아와서 즐겼다. 비록 폐의파립敝衣破笠한 사람이라도 친절히 대접하였고, 만일 옳지 못한 사람을 보면 준엄하게 꾸짖어 조금도 용서가 없었다.

그는 넉넉한 살림에 성품이 호협하였고 빈객을 좋아해서 많은 나그네를 맞이하였으나, 사람이 선하지 않으면 물리쳐 용납하지 못하는 사람이었다. 그가 요리서를 저술한 것에서도 우리는 그의 풍류관을 짐작할 수 있다.

퇴계는 그의 비문에서 다음과 같이 명銘하였다.

아! 공은 났을 때부터 자질이 뛰어났네.
이미 시詩와 서書를 익혔고 또한 육도삼략六韜三略을 배웠도다.
문文에는 소과에 합격하였으나 무武는 뜻을 이루지 못하였네.
시골에서 그대로 늙으니 남들이 애석히 여겼네.
출세의 뜻은 못 폈으나 일신은 자족하여
좋은 곳 오천烏川에 밭도 있고 집도 있네.
주방에는 진미가 쌓여 있고, 독 안에는 술이 항상 넘치도다.
제사하며 봉양하고 잔치로써 즐겼네.
생전에 즐거운 일은 자리 위의 아름다운 손님이요,
하늘에서 내린 자손은 뜰 앞의 난옥蘭玉일세.
용감한 무신武臣이여, 아름다운 문사文士로다.
불어나는 좋은 경사慶事 고문高門에 걸렸네.
어쩌다가 대단찮은 병세로 갑자기 돌아가니
금할 수 없는 것은 슬픔이요, 남은 것은 복이로다.
아름답다 현부인賢婦人을 동광同壙하라 유언했네.
무덤 앞에 돌 새기니 천추를 지내어도 다함이 없으리.

오천 광산김씨의 전통은 입향조 김효로와 더불어 이들 형제가 있었기에 가능했다. 김연은 벼슬길을 열었고, 김유는 집안의 가풍을 확립했다. 이리하여 이들 부자는 당시 도산 향내의 최고 인물들인 김담金淡(이조판서, 문절공), 권수익權受益(동지중추부사), 이현보李賢輔(숭정대부지중추부사, 효절공), 이황李滉(대제학, 문순공), 금재琴梓(훈도), 조목趙穆(공조참판) 등과 혼인관계를 맺었는데, 이들을 배출한 선성김씨, 안동권씨, 영천이씨, 진성이씨, 봉화금씨, 횡성조씨 등은 당시 도산 최고의 명문들이었다. '오천칠군자' 의 출현은 이들 부자를 바탕으로 했다.

4. 오천칠군자

앞의 세계世系에서 보았듯이 시조로부터 23세손 가운데 친손인 부필, 부의, 부인, 부신, 부륜과 외손인 금응협, 금응훈은 모두 퇴계의 문하에 들어가 도의와 덕행을 닦았으니, 이들이 바로 명망 높은 '오천칠군자烏川七君子' 이다. 세거지의 지명이 군자리로 불리는 것은 성주 출신의 한강寒岡 정구鄭逑가 안동부사로 있을 때 오천烏川마을을 방문한 뒤 "오천 한 마을에 군자 아닌 사람이 없다"라고 한 데서 비롯되었다. 이로 인해 마을 이름까지 '군자리君子里' 가 되었다. 기록은 이러하다.

예안현 남쪽 5리 정도에 외내가 있다. 마을에 일곱 군자가 살았는데, 모두 퇴계의 제자로 도덕과 덕행이 높았다. 정구鄭逑가 오천에 들렀다가 말하기를 "오천 한 마을, 군자 아닌 사람이 없다"(烏川一里, 無非君子)라 하여 '군자리'라는 이름을 얻었다.

한강 정구가 오천에 군자가 가득하다고 언급한 이 한마디가 '오천칠군자', '군자리'라는 이름을 낳았다. '군자의 마을' 군자리! 정말 멋있는 이름이다. 모든 선비들이 '군자'가 되기 위해 수양하고 덕성을 함양하던 시절, 군자 이상의 존칭이 없던 시절, '군자들이 사는 마을'이란 이름은 여간 영광스런 찬사가 아니다. 대한민국 임시정부 초대국무령을 지낸 석주 이상룡 선생의 99칸 집인 안동 임청각의 최고 건물이 '군자정'이고, 계문고제溪門高弟인 간재 이덕홍이 공부하던 정자가 '군자정'이며, 정암 조광조가 자신들은 '군자의 당'이고 남곤 일파는 '소인의 당'이라 압박하여 일어난 사건이 저 유명한 '기묘사화'이니, '군자'라는 이름은 조선조 지상의 과제였다고 해도 과언이 아니다. 사람이 태어나서 군자가 되면 그것으로 족하며, 그 이상 바랄 것도 없었다. '군자리', 그 아름다운 이름은 김효로의 예안 입향 이후 불과 3대 만에 듣게 된 평가였다.

그런데 "군자란 어떤 사람인가?"라고 묻는다면 답하기 쉽지 않다. 옛 문헌에는 여러 가지 다양한 정의와 용례가 보인다. 『시경詩經』「관저」편의 "요조숙녀窈窕淑女, 군자호구君子好逑"라는 구절이 그럴듯하다. '그윽하고 그윽하며 맑디맑은 여인' 이 요조숙녀인데 그 배필이 바로 '군자君子' 라는 것이다. 요조숙녀에게 장가를 들 수 있는 남자가 군자이다. 그것은 지知보다 행行에 주안을 두는 것이니, 쉬운 말로 '난 사람' 보다는 '된 사람' 이 군자였던 것이다.

좀 엉뚱한 이야기가 될는지 모르지만, 우리 모두가 공부를 하고 교육을 받는 목적이 '된 사람이 되기 위함이어야 한다' 고 믿는다. 그래서 모든 교육은 된 사람을 기르는 교육이어야 하며, 그런 환경을 만들어 가는 것이 교육이다. 군자가 되어 가면 교육은 이미 다 성취된 셈이다. 적어도 과거 선인들은 그렇게 생각했다.

'오천칠군자' 는 결코 난 사람들이라 할 수는 없다. 그렇지만 퇴계 4대제자의 한 사람인 한강 정구가 이들을 '군자' 로 일컬었던 것은 분명 그럴만한 연유가 있었기 때문일 것이다.

유교에서는 가장 이상적인 인간상을 '군자' 로 일컬었다. 그러면 군자는 어떤 사람이었을까? 이것은 유교 최고의 덕목인 '인仁' 에 대한 설명만큼이나 복잡하고 어려운 문제이다. 우선 『논어論語』를 보면, 책의 첫머리인 「학이學而」편은 무려 네 번에 걸쳐 군자의 행동규범을 언급하고 있는데, 첫 번째 단락에서는 군자는 남이 알아주지 않아도 성내지 않아야 한다고 했다. 얼마나 어려운 일인가? 사람은 모름지기 자기를 알아주는 사람을 좋아하고,

자기를 몰라줄 때 매우 섭섭하게 여긴다. 이와 같은 범인凡人의 수준을 뛰어넘어야 군자라 했으니, 그 경지에 이르기는 참으로 어렵다는 생각이 든다.

공자가 말하였다. "배우고 때로 익히면 기쁘지 않겠는가? 벗들이 멀리서 오면 즐겁지 않겠는가? 남이 알아주지 않아도 노여워하지 않으면 군자가 아니겠는가?"

子曰: 學而時習之, 不亦說乎. 有朋自遠方來, 不亦樂乎. 人不知而不慍, 不亦君子乎.

군자의 전범典範에 대한 「학이」편의 설명을 마저 살펴보자.

유자가 말하였다. "그 사람됨이 효성스럽고 공손하면서도 윗사람 침범하기를 좋아하는 사람은 드물다. 윗사람 침범하기를 싫어하면서 난을 일으키기를 좋아하는 사람은 드물다. 군자는 근본을 힘쓰니, 근본이 확립되면 올바른 길이 생겨난다. 효도와 공손은 인을 실천하는 근본이다."

有子曰: 其爲人也孝弟, 而好犯上者, 鮮矣. 不好犯上, 而好作亂者, 未之有也. 君子務本, 本立而道生. 孝弟也者 其爲仁之本與.

공자가 말하였다. "군자는 중후하지 않으면 위엄이 없고 학문도 군건하지 않게 된다. 충실과 신의를 위주로 하고, 자기보다 못한 사람을 벗으로 사귀지 말며, 잘못을 저지르면 고치기를 꺼려하지 말아야 한다."

子曰: 君子不重, 則不威, 學則不固. 主忠信, 無友不如己者, 過則勿憚改.

공자가 말하였다. "군자는 먹는 데 배부름만을 추구하지 않고 거처하는 데 편안함만을 추구하지 않는다. 일에는 민첩하고 말에는 조심스러우며 올바른 도를 지닌 사람에게 나아가 자기를 바로잡는다면 배우기를 좋아한다고 할 수 있다."

子曰: 君子, 食無求飽, 居無求安. 敏於事而愼於言, 就有道而正焉, 可謂好學也已.

또 『명심보감明心寶鑑』에서는 "군자의 사귐은 물과 같이 담백하고, 소인의 사귐은 단술과 같이 달다"(君子之交淡如水, 小人之交甘若醴)라고 하여 군자와 소인의 사귐을 대비시킴으로써 군자의 품성을 쉽게 설명하고 있다. 그리고 『채근담菜根談』 전집前集 82장에서는 군자의 마음가짐에 대해 다음과 같이 설명하고 있는데, 여기에는 깊은 철학적 의미까지 담겨 있다.

바람이 성긴 대숲에 불어옴에 바람이 지나가도 대는 소리를 내지 않고, 기러기가 차가운 못을 지남에 기러기가 가도 못은 그림자를 남기지 않는다. 그러므로 군자는, 일이 생기면 비로소 마음에 나타나고 일이 지나가고 나면 마음도 따라서 빈다.
風來疎竹, 風過而竹不有聲. 雁度寒潭, 雁去而潭不有影. 故君子, 事來而心始現, 事去而心隨空.

고영복의 『철학사상과 사회과학의 만남』에 의하면, 유교의 이상적인 인간을 성인군자聖人君子라 하는데 가장 우수한 인물인 성인을 만나기는 어렵고 군자를 만나더라도 다행이라고 했다. 공자 또한 『논어』에서 "성聖과 인仁 같은 것은 내가 어찌 감히 바라겠는가?" 라고 하였다. 성인은 인류의 지고지상至高至上의 존재이다. 엄격한 수양과 학습이 있어야만 성인이 될 수 있다. 유교에서는 성인 반열에 오른 사람으로 요堯·순舜·우禹·탕湯·문文·무武·주공周公·공자孔子 정도만을 일컫는다. 이에 반해 군자는 덕을 갖춘 인격자로서 성인에 비해 상대적으로 쉽게 도달할 수 있는 친근한 존재로서, 『시경』·『서경』 등 고전의 교양을 몸에 지녀야 한다. 때로는 제후諸侯·경대부卿大夫 등 높은 벼슬을 지닌 자를 지칭하기도 한다. 성인이 되기 위해서는 우선 군자가 되는 것이 순서였다. 퇴계태실이 있는 노송정종택 대문채에는 성림문聖臨門 현판이 걸려 있는데, 퇴계 모친이 공자 및 그 제자들이 이 문으로 들어오는 태몽을 꾸고 퇴계를 낳았기 때문이다. 이

꿈은 아마도 평소 성인의 존재에 대한 열망이 간절했기 때문이 아닌가 생각된다.

안동 고성이씨 종택의 정자인 임청각은 군자정君子亭으로 불리는데, 군자들이 모이는 정자라는 뜻이다. 어쩌면 군자를 지향하는 삶을 살고자 하는 사람들이 모인다는 의미로 해석할 수도 있을 것이다.

중국 춘추시대는 귀족을 통칭해서 군자라 하였다. 『국어國語』「노어상魯語上」편에 "군자는 다스리기에 힘쓰고, 소인小人은 노동에 힘쓴다"라고 했다. 이 개념은 춘추시대 말기 이후 점차 도덕수양을 갖춘 사람을 두루 지칭하게 되었다. 『예기禮記』「곡례曲禮」편에 "군자는 많은 지식을 갖고 있으면서도 겸손하고, 선한 행동에 힘쓰면서 게으르지 않은 사람을 말한다"라고 하였다. 군자의 죽음은 그가 하던 행동, 즉 사람 노릇을 멈추었다고 해서 종終이라 한다.

근래 수년간 여중군자女中君子 정부인貞夫人 장계향張桂香(1598~1680)에 대한 연구가 활발하다. 어릴 때 부모 슬하에서의 자녀 도리와 아버지 경당敬堂 장흥효張興孝로부터의 수학修學, 그림 그리고 시 짓고 글씨 쓰고 수繡놓는 일 등에 대한 뛰어난 재능을 지녔다. 혼인 후의 남편 섬김과 전처前妻 자식 및 친자식에 대한 교육, 흉년에 죽을 쑤어 빈민을 구제한 일, 홀아비지를 장가보내 친정의 가계를 계승하게 한 일 등, 여성이지만 군자로서의 면모를 잘 갖추었다는 의미에서 당대부터 여중군자로 추앙받았고, 최근 연구자들도 자연스럽게 여성군자라 칭하게 되었다. 특히 그가 저술한, 『규곤시의방閨壼是義方』이라 표제된 『음식디미방』은 당시 반가의 음식조리서로서 한글로 된 최고본最古本이다.

일반적인 군자의 요건을 갖춘 이로는 학식이 높고 행실이 어진 사람, 항상 말을 조심하며 마음이 착하고 무던한 사람, 자신으로 인해 남이 피해를 볼까 두려워하는 사람 등 매우 다양했다.

그러면 오천칠군자로 지칭된 분들에 대하여 한분 한분의 행적을 살펴보기로 하자.

1) 김부필

김부필金富弼(1516~1577)의 자는 언우彦遇, 호는 '후조당後彫堂'으로 관찰사 연緣의 장자이다. 퇴계의 문인으로 1537년 사마시에 합격하여 성균관에 들어가 공부하였으나, 을사사화 이후 벼슬에 뜻이 없어 고향에 내려와서 정자를 짓고 시문을 즐기며 위기실천爲己實踐의 학문에 치중하였다. 이후 조정에서 여러 차례 불렀으나 나아가지 않았다. 인종 승하 후 벼슬을 멀리하고 뜰에 송백松柏을 심어 후조당後彫堂이라 하였다. 후조당은 『논어』「자한子罕」편의 "날씨가 추워진 연후에야 소나무와 잣나무 잎이 늦게 시듦을 안다"(歲寒然後, 知松柏之後彫也)라는 구절에서 따온 말로 그의 인품이 잘 나타나 있다. 그의 호는 스승인 퇴계가 지었으며, 당호 현판 글씨도 퇴계의 친필이다. 김효로와 인생의 궤적이 비슷했다. 그럼에도 불구하고 김부필은 1822년(순조 22) 이조판서겸좨주吏曹判書兼祭酒에 증직되고 문순文純이라는 시호諡號를 하사받았다. 무엇보다도 문과에 급제하여 강원감사를 지낸 아버지 운암 김연과, 역시 문과에 급제하고 '경상좌도열읍의병대장'을 지낸 아들 근시재 김해를 넘어서서 당당히 이 집의 당호를 획득한 인물이다. 말하자면 오천 광산김씨의 대표적 인물인 것이다. 지금 '오천 광산김씨 대종택'의 공식 명칭은 '후조당종택'이다. 필자가 종손의 아버지 김준식 선생을 생전에 만나 확인해 보니 '후조당종택이 맞다'고 했다. 선생은 그 이유를 "분명히 운암 선조가 세시시반 우리 집은 도덕과 학문을 우선하기 때문에 후조당을 대표적 인물로 본다"라고 했다.

'학문과 도덕을 우선하는 가문'이 바로 오천 광산김씨의 전통이며 자부심이고, 그 중심에 김부필이 존재하고 있다. 그렇다면 김부필은 누구인가? 김부필에 대한 설명은 한 편의 시로 충분하다. 퇴계가 지었기에 그대로 보증된다.

후조당 주인 본시 절개 굳어,	後彫主人堅素節
벼슬 내려와도 즐거워하지 않네.	除書到門心不悅
눈 속에 매화 향기 맡는 모습,	坐對梅花氷雪香

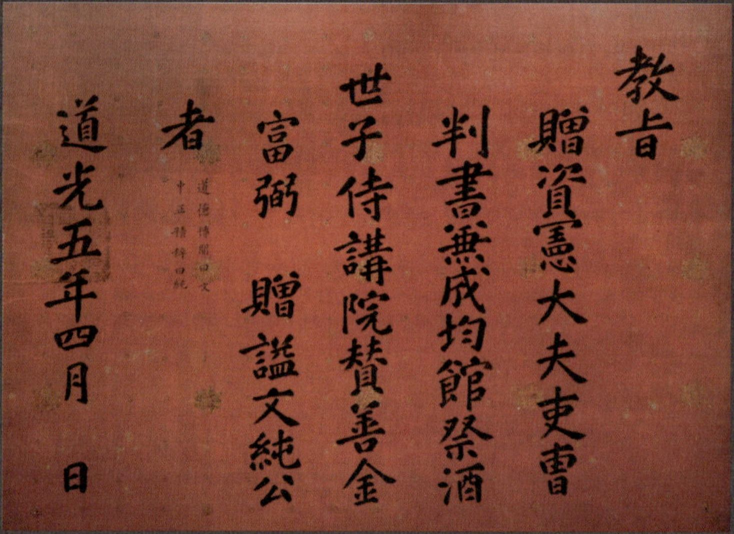

教旨
贈資憲大夫吏曹
判書兼成均館祭酒
世子侍講院贊善金
富弼 贈諡文純公
者
道德博聞曰文
中正精粹曰純
道光五年四月 日

김부필 증시 교지

김부필 이조판서 증직 교지

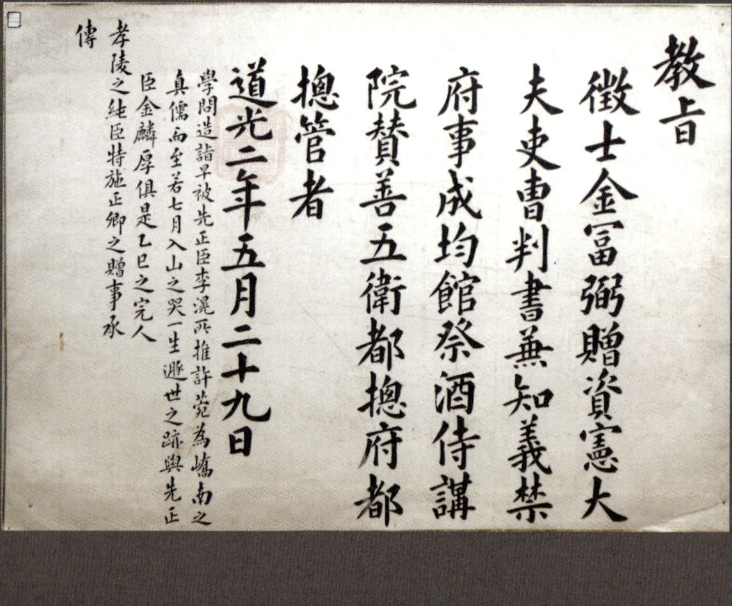

教旨
徵士金富弼贈資憲大
夫吏曹判書兼知義禁
府事成均館祭酒侍講
院贊善五衛都摠府都
摠管者
道光二年五月二十九日
學問造詣早被先正臣李滉所推許蔚為嶺南之
真儒而至若七月入山之哭一生遯世之跡與先正
臣金麟厚俱是乙巳之完人
孝陵之純臣特施正卿之贈事承
傳

마치 온백설자 같은 도인일세. 目擊道存吟不輟

김부필은 곧 '굳은 절개의 인물', '벼슬이 내려와도 즐거워하지 않은 인물', '눈 속에 매화향기를 맡으며 좌정하고 앉아 자기정진을 하는 인물', 그래서 저 중국의 전설적 도인 '온백설자溫伯雪子'와 같은 분이었다. '빙설향氷雪香'과 '목격도존目擊道存'이라는 칭송은 김부필의 인품에 대한 최고의 평가이다.

'목격도존'은 『장자莊子』에 나오는 말로, 퇴계가 제자에게 이런 시어를 사용하여 평가한 것은 극히 이례적인 일로, 퇴계에게 이런 평가를 받은 인물은 많지 않다. 벼슬지상주의 시대에 벼슬을 포기하는 것은 결코 쉬운 일이 아니었기에, 퇴계의 이러한 평가는 벼슬이 내려와도 나아가지 않은 김부필의 고고함에 대한 전폭적인 찬사로 보아도 좋다.

김부필은 처사형의 인물이다. 그의 생전에 역동서원과 도산서원의 건립을 주도하고 기호지방의 광산김씨와 교류한 것은 특기할 만한 일이다. 역동서원은 물론 도산서원을 건립할 때도 김부필은 "스승의 강학 터전을 생존하실 때처럼 잘 보존해야 한다"라고 주장하며 많은 재산을 희사하였고, 편지를 써서 동료들을 독려하기도 하였다. 곧 두 서원의 건립에 오천 광산김씨를 대표한 김부필이 기여한 바가 적지 않다는 것이다. '기호지방 광산김씨와의 교류'는 '정동계'를 통해 살펴볼 수 있다. '정동'은 사계

김장생의 5대조인 김국광이 터전을 잡고 대대로 살던 곳으로 전 대법원 터가 있던 지역으로, 김장생의 아버지 김계휘를 비롯한 일가들이 계원이었다. 기호 광산김씨의 핵심 인사들과 계를 통해 교류한 일은 오천 광산김씨 중 김부필이 처음이자 마지막이었다.

김부필이 죽자 율곡栗谷 이이李珥는 우성전에게 보내는 편지에서 "1558년 가을 후조당을 도산에서 뵙고 며칠 동안 도학을 토론했는데, 그 의리는 정통하고 인仁에 대한 설명은 원숙하였습니다. 이제 그분이 돌아가심에 도가 없어지고 정의가 사라지게 되었으니, 이 점을 나는 탄식하고 마음 아파하는 바입니다"라고 하였다. 또한 학봉 김성일은 조목에게 글을 부쳐 "후조당께서 이미 고인이 되셨으니 우리 도학의 불행이 어찌 이처럼 지극한 처지에 이르렀단 말입니까?"라며 아쉬움을 토로했다. 이이, 우성전, 조목, 김성일 등의 문집 행간에 남아 있는 이러한 평가를 통해 김부필의 인품을 가늠할 따름이다.

'학문 중시'와 '인격 중시'의 풍조는 안동 문화 가운데 가장 주목되는 특징이다. 이런 전통 때문에 안동에서는 지금도 '벼슬'과 '직위'만으로 사람됨을 운운하는 것은 그리 환영받지 못하는 것이 사실이다. 안동에는 '사람 됨됨이'를 뜻하는 '작인作人'이라는 말이 있다. 곧 "작인이 됐다"라거나 "작인이 안 됐다"라고 하는 데서 안동 사람 특유의 인격을 중시하는 기풍을 알 수 있는 것이다. 이런 안동의 분위기가 김부필을 광산김씨 예안파의 발신한 관료들을 넘어서서 가문의 대표적 인물로 존재하게 했고, 후손들의 자부심이 지속될 수 있는 원인으로 작용했다. '처사 김부필' 이 고관을 역임한 아버지와 의병대장을 역임한 아들을 뛰어넘어 문중을 대표하는 인물로서 당당히 '후조당종택' 이라는 당호를 획득하였다는 사실을 통해 인물을 중시하는 안동 문화의 한 단면을 살펴볼 수 있다.

2) 김부의

김부의金富儀(1525~1582)는 자가 신중愼仲이고 호는 읍청정挹淸亭이다. 김연의 차자로 퇴계의 문인이다. 1555년(명종 10) 사마시에 합격하였고, 천거로 사심랑집경전참봉司贍郎集慶殿參奉에 제수되었으나 나아가지 않았다. 역동서원 창건 시 서원의 일을 주관하여 산장山長에 천거될 만큼 사림의 신망을 받았다.

스승 퇴계로부터 혼천의渾天儀의 수리를 명받고 이를 해낼 만큼 천문지리에 정통했다. 문위세文緯世(1534~1600)의 『풍암문선생유고楓菴文先生遺藁』에 의하면 퇴계가 제자인 문위세에게 선기옥형璿璣玉衡(혼천의)의 중요성에 대하여 한 말이 있다.

> 선기옥형은 순임금이 요임금을 보좌할 때 칠정七政을 관찰하신 것이다.…… 군자가 조정에서 벼슬할 때 그 임금을 섬기는

도리는 순임금이 요임금을 섬기는 도리로써 해야 하며, 벼슬 하지 않고 야인으로 있을 때라도 요순의 도를 즐기기 위해서는 선기옥형의 이치를 알아 두어야 한다.

1559년 도산서당 완락재玩樂齋에서 퇴계는 투호投壺로 덕성을 살펴보고 간재艮齋 이덕홍李德弘(1541~1596)으로 하여금 선기옥형을 만들게 하였다. 그리고 이로부터 8년이 지난 1567년, 퇴계가 김부의에게 답한 편지가 『퇴계집』에 실려 있는데, 첫 번째 편지에서는 "처음 만든 것이 제도에 맞지 않고 기형이 오래되어 점점 손상되고 이지러졌습니다.…… 법도에 맞도록 하여 크게 어긋나는 데에 이르지 않도록 하기 바랍니다"라고 하였고, 두 번째 편지에서는 "기형과 혼의는 낡아 못쓰게 되어 버리려 하였는데, 완전하게 수리한 것을 받았습니다. 또한 깊이 감사드립니다"라고 하였다.

도산서원의 선기옥형은 별들을 측도測度해서 혼상渾像에 그대로 표현한 것으로, 1699년 송이영宋以穎·이민철李敏哲이 제작한 것(국보 제230호)보다도 110년이나 앞선, 우리나라 최고最古의 혼천의이다. 다만 유물의 일부만 남아 있어 아쉬움이 크다.

김부의는 저서로 『읍청정유고挹淸亭遺稿』를 남겼다.

3) 김부인

김부인金富仁(1512~1584)은 아버지 김유의 호협한 기상을 물려받아 오천 광산김씨 최초의 무과급제자가 되었고, 이런 기질은 다음 세대인 임란의병대장 김해金垓와, 그 다음 세대인 병자호란 의병장 김광계金光繼 등으로 이어졌다. '문文과 재財의 가문' 에 '무武의 전통' 을 수립한 장본인이라 할 수 있으며, 퇴계의 제자 가운데 유일한 무과급제자이다.

김부인은 오랜 관직생활과 물려받은 유산 덕분에 물질적으로 부족하지 않은 형편이었지만 항상 형제와 이웃을 생각하여 나누어 주고 자신은 청빈한 생활을 유지하였다고 한다. 오천의 상류는 월천月川이고 월천의 상류는 분천汾川인데, 분천에 살던 농암 이현보가 낙동강을 거슬러 올라오는 김부인의 모습을 보고 그 씩씩한 기상이 맘에 들어 사위를 삼았다는 일화가 있다.

그는 자가 백영伯榮, 호는 산남山南으로, 김유金綏의 장자이며 당시 예안의 명문인 농암 이현보의 사위이다. 퇴계의 문인으로 일찍부터 문명文名이 있어 1537년과 1540년에 연이어 생원 · 진사에 합격하였고, 1549년에 무과에 급제하여 권지훈련참봉權知訓練參奉에 취임하였다. 특천으로 선전관宣傳官을 역임하였고, 1554년 밀명을 받고 북방 오랑캐를 섬멸하였다. 그 후 강릉판관 · 낙안군수 · 호조정랑 · 창성부사 · 해주판관 · 이조정랑 · 경상좌도

병마절도사 · 제주목사 · 영해도호부사 등을 역임하였다.

그는 무관이면서도 늘 학문에 뜻을 두어 퇴계문하에서 경학을 공부하였고, 효성이 지극하였으며, 지략이 뛰어났다. 예안 오천의 낙천정사에 제향되었으며, 저서로 『산남집山南集』이 있다.

4) 김부신

김부신金富信(1523~1566)의 자는 가행可行, 호는 양정당養正堂이며, 김유의 차자이다. 퇴계의 문인으로 1558년(명종 13) 사마시에 합격하였다. 퇴계로부터 유학에 돈독한 뜻을 두었다는 평을 받았다. 생원시험에 합격하고 '유일遺逸'로 천거되었으나 나아가지 않았다. '유일'은 '묻혀 있는 학자'란 뜻으로, 재야에 있지만 그 학식과 덕망이 뛰어난 사람에게 붙여 주는 이름이다. 칠군자의 일원으로 대접받은 것도 벼슬에 나아가지 않은 점이 주요한 요인이 되었다. 44세에 졸하였는데, 사후에 퇴계가 시를 지어 애도하였고 후인이 사당을 세워 향사하였다.

5) 김부륜

김부륜金富倫(1531~1598)의 자는 돈서惇叙, 호는 설월당雪月堂이며, 김유의 삼자로 퇴계의 문인이다. 『성리대전性理大典』을 읽고

16세에 퇴계를 찾아가 배움을 청했고, 『퇴계언행록退溪言行錄』의 기초가 된 『퇴계선생언행차록退溪先生言行箚錄』이란 책을 남겼다. 1555년 생원시험에 합격하였고, 천거로 경기전참봉·돈녕부봉사 등을 역임하였다. 1585년 전라도 동복현감同福縣監으로 부임해서는 향교를 중수하고 봉급을 털어 서적을 구입하는 등 지방교육 진흥에 크게 공헌하였다. 주민들이 송덕비를 세워 주기도 했다.

임진왜란이 일어나자 가산을 털어 의병장인 종질從姪 김해金垓를 도왔다. 전란 중 봉화현감이 왜군에 겁을 먹고 도망가자 단숨에 달려가서 민생을 돌보았다. 김성일金誠一·이발李潑 등과 교유하였다. 만년에 관직에서 물러나 향리에 설월당을 지어 후진을 양성하였으며, 저서로 『설월당문집雪月堂文集』을 남겼다.

6) 금응협

금응협琴應夾(1526~1596)은 본관이 봉화요, 자는 협지夾之, 호는 일휴당日休堂이다. 봉화와 안동에 살았다. 퇴계의 문인이요, 농수 김효로의 사위인 금재琴梓의 아들이다. 서애西厓 류성룡柳成龍은 자제들에게 "너희들이 『소학小學』을 실천한 인물을 보려면 금응협을 보라. 그 사람은 『소학』 그대로로서 일언일행이 후세의 모범이 되니, 용모의 단정함과 자품의 순수함과 학식의 뛰어남이 내가 본 바로는 제일이다"라고 말했다고 한다. 1555년 생원시에

3등으로 합격하고 음보蔭補로 참봉 · 세자사부 · 익찬 등을 제수 받았으나 모두 나아가지 않고 후진 양성에 힘썼다. 1587년 하양 현감을 지냈다. 저서로 『일휴당집日休堂集』이 있다. 창석蒼石 이준李埈이 묘갈명墓碣銘을 찬하였다.

7) 금응훈

금응훈琴應壎(1540~1616)은 본관이 봉화요, 자는 훈지壎之이고 호는 면진재勉進齋이다. 봉화와 안동에 살았다. 퇴계의 문인이요, 농수 김효로의 사위인 금재의 아들이다. 서애 류성룡, 월천 조목 등과 교유하였으며, 특히 『역학계몽』에 뛰어났다. 학문에 부지런하여 스승인 퇴계가 면진勉進이라는 호를 지어 주고 손수 편액을 써서 격려하였다. 1570년 생원시에 2등으로 합격하였고, 학행으로 천거되어 의흥현감義興縣監에 제수되었다. 창석 이준이 쓴 묘갈명에 "당시 퇴계문하에 재덕을 겸비한 사람들이 많았다. 그렇지만 후인들이 깊고 정확한 지식의 학문을 가진 사람을 논한다면 공을 추대하여 앞줄에 세울 것"이라 했다. 저서로 『면진재집勉進齋集』이 있으며 낙천사에 배향되었다.

이런 분들이 '오천칠군자'였다. 그런데 '오천칠군자'는 위의 조건들만으로 '군자'가 된 것은 아니다. 이들이 군자가 된 것은, 비록 금응협을 지목한 것이기는 하지만, '『소학』 그대로의 인물' 이었기에 가능했다. 『소학』은 당시 불온서적이었으나 일찍이 '동방오현' 으로 지칭된 인물 중 김굉필, 정여창, 조광조가 모두 『소학』을 중시하였다. 이른바 '도학자' 라 일컬어지는 인물의 소양으로 『소학』 공부와 그 실천이 매우 중요하게 여겨지던 시기였다. 『소학』은 단순히 어린이들만을 위한 책이 아니라 실천을 주장하는 개혁론자들에게는 『대학』 이상의 의미를 가지는 책이었던 것이다. 한강 정구가 오천에서 목격한 것은 바로 이들이 '『소학』 그대로의 인물' 이라는 점이었다.

그 한 예로, 김해의 일상에 대해 그의 아들 김광계는 "새벽에 일어나 세수하고 의관을 단정히 한 뒤 방안에서 꿇어앉아 종일토록 책을 보다가 한밤이 되어서야 잠자리에 들었다"라고 적고 있다. 이런 자세는 남명南冥 조식曺植에게서도 보이고 회재 이언적에게서도 보이는 일상의 모습으로, 조광조를 비롯해 당시 『소학』을 읽은 개혁파 선비들이 실천했던 삶의 자세 중 하나였다. 김해의 이러한 '경敬의 자세', '도학자의 자세' 는 "단정히 앉아 빙설의 매화 향기 맡으며, 마치 온백설자 같은 도인의 모습을 보여 주는" 아버지 김부필의 모습을 이어받았다고 하겠다.

김해가 쓴 김부필의 「묘지墓誌」에도 "날마다 새벽에 일어나 의관을 갖춘 뒤 사당에 나가 절하고 물러나 서실에 앉아서 책을 보다가 밤이 된 후에야 취침하셨는데, 몸이 불편할 때도 그러하셨다"라고 되어 있다. '오천칠군자'의 자랑스러운 호칭은 바로 여기에서 얻어진 것이었다. 오늘날 안동의 선비문화, 정신문화의 근간도 이러한 선조들의 삶의 자세에서 찾을 수 있다.

5. 칠군자 후손, 김해와 김령

후조당종택의 사당에 영원히 위패가 모셔진, 이른바 '부조지위不祧之位'로 모셔진 분은 김효로와 그 증손인 김해·김령이다. 김해는 김부필의 아들이고 김령은 김부륜의 아들이다. 그렇다면 김해와 김령은 누구인가?

1) 김해

김해金垓(1555~1593)의 자는 달원達遠, 호를 근시재近始齋라 했다. 생부生父는 후조당의 동생인 읍청정挹淸亭 김부의金富儀이다. 생후 7일 만에 어머니 안동권씨께서 세상을 떠나시자 후조당으로 가서 자랐다. 퇴계문하인 후조당과 읍청정의 영향으로 학문과 예의범절이 남달랐다. 1588년(선조 21) 사직서참봉에 임명되었고, 곧 사마시에 합격하였으나 고향으로 돌아와 도산서원에서 학봉 김성일, 서애 류성룡과 함께 『퇴계문집』 편수에 참여하였다. 이듬해 오천 광산김씨 문중에서는 두 번째로 문과에 급제하여 예문관검열藝文館檢閱로 관직을 수행하였으나 정여립 모반사건과 사초史草를 태운 사건에 연루되어 구금되고 문초받았다. 간신히 목숨은 구했지만 삭탈관직되고 곧 낙향했다. 고향에 와서는 주자朱子의 "근시일정처近始日靜處"라는 구절을 좇아 '근시재'라는 집을 짓고 학문에 매진했다.

김해의 『향병일기鄕兵日記』에서는 이렇게 적고 있다.

> 예안 향인들이 의분을 토하면서 서로 말하기를 "나라가 이 지경에 이르렀는데 우리들이 어찌 깊은 산속에 숨어 임금의 위급함을 앉아 보고만 있을 수 있겠는가" 하고, 각각 자제들과 장정 300여 명을 내어 빈 땅에서 활쏘기를 익히게 했다. 생원 금응훈을 도총都總으로 삼고 전 한림 김해를 대장으로 삼아 거사하고, 진사 이숙량李叔樑이 글을 지어 열읍列邑에 포고布告하였다. 전 군수 조목과 전 현감 금응협, 김부륜 등은 모두 쌀을 내어 군사를 먹이는 것을 도왔다.

이것이 경상좌도 최초의 조직적 의병인 '예안향병'의 모습이고 기록이다. 예안 사람으로 태백산에 은거하여 의병을 일으킨 류종개의 기록을 보면 "군사를 모으면 적을 불러들일 뿐이다"라는 우려가 돌 정도로 당시는 보복이 두려워 의병을 일으킬 생각조차 할 수 없었다. 김해의 예안의병은 경상도안집사 김륵金玏(1540~1616)의 후원과 그때까지 예안현을 지키고 있던 현감 신지제申之悌(1562~1624)가 김해와 동방급제한 인연도 유리하게 작용했다.

'예안의병'이 일어난 지 얼마 후, 안동의 여러 고을에서 선비들이 우후죽순처럼 창의의 깃발을 들고 궐기했고, 김해는 마침내 안동 열읍을 대표하는 '안동열읍향병대장'에 추대되었다. 금역당琴易堂 배용길裵龍吉의 기록에서 다음과 같이 전하고 있다.

> 지난해 왜적들이 창궐하여 온 나라를 휩쓸었습니다.…… 천년 사직이 무너지나 누구 하나 의로운 깃발을 들지 않았습니다. 쥐처럼 숲속에 숨어 있으니 마음이 시리고 눈물이 났습니다. 그러나 아! 우리 달원達遠(김해의 자)은 부로父老들과 의병을 일으켜 선비의 갓을 쓰고 여러 고을로 격문을 보내 군신의 의리를 설명하기를, "쥐처럼 숲속에 숨어 죽을 것 같으면 차라리 적과 싸워야 하며, 무릎 꿇고 모독을 당하려면 차라리 싸우다가 죽는 것이 영광스럽다"고 하였습니다. 이를 지켜 본 사람들은 머리끝이 서서 갓이 들먹거렸고, 이 말을 듣게 된 사람들의

근시재 유품-화살

근시재 유품-『향병일기』

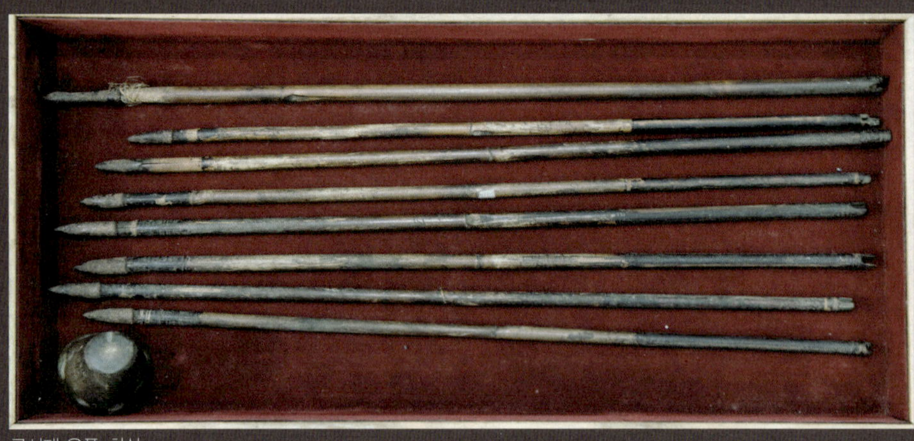

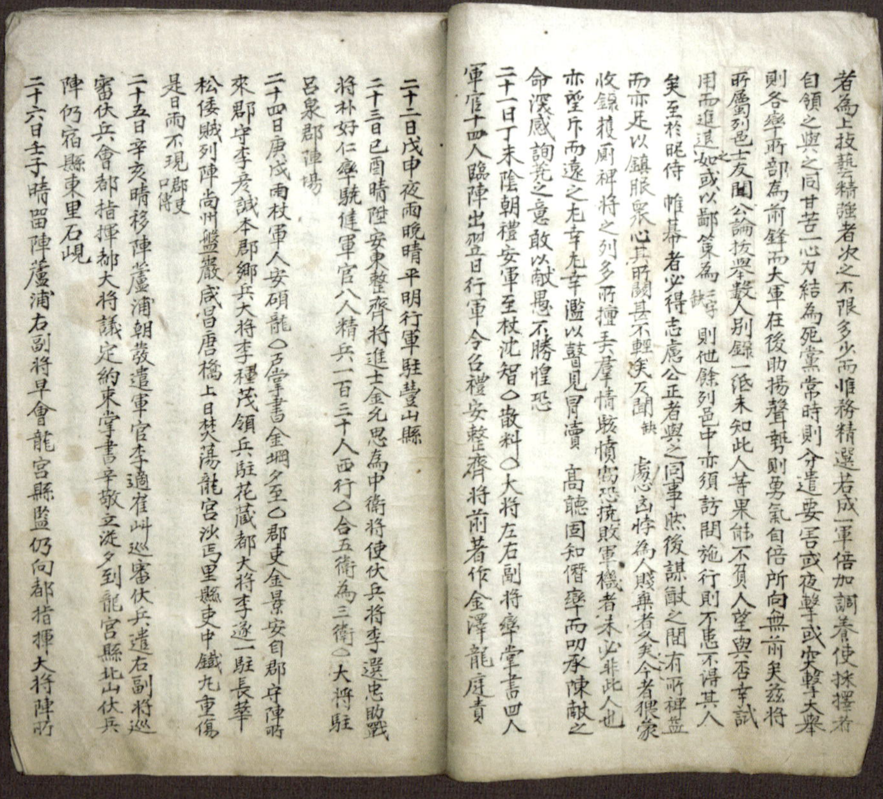

者爲上技藝精強者次之不限多少而惟務精選若成一軍倍加訓養使揀擇者
自領之與之同甘苦一心力結爲死黨常時則分遣要害或夜擊或突擊大擧
則各率所部爲前鋒而大軍在後助揚聲勢則勇氣自倍所向無前矣玆將
所屬列邑士友聞公論抜擧數人別錄一紙未知此人等果能不負人望與否幸試
用而進退之或以鄙策爲缺可 則他餘列邑中亦須訪問施行則不患不得其人
矣至於昵侍 帷幕者必得志慮公正者與之同事然後謀猷之間有所裨益
而亦足以鎭服衆心其所關甚不輕矣又聞缺 處心凶悖爲人賤棄者又參今者很家
收錄授廁裨將之列多所擅弄虐情駭憤竊恐撓敗軍機者未必非此人也
亦望斥而遠之左幸左幸邐以瞽見冒瀆 高聽固知僭率而叨承陳獻之
命深感詢蕘之意敢以獻愚不勝惶恐
二十一日丁未陰朝禮安軍至杖沈智○散料○大將左右副將率掌書四人
軍官十四人臨陣出習日行軍令各禮安整齊將前著作金澤龍庭責

二十二日戊申夜雨晩晴平明行軍駐豊山縣
二十三日己酉晴陞安東整齊將進士金允思爲中衛將使伏兵將李選忠助戰
將朴好仁率驍健軍官八人精兵一百三十人西行○合五衛爲三衛○大將駐
呂泉郡陣塲
二十四日庚戌雨杖軍人安碩龍○乃掌書金堈夕至○郡吏金景安自郡守陣所
來郡守李彦誠本郡鄕兵大將李穫茂領兵駐花蔵都大將李逸一駐長華
松倭賊列陣尚州盤巖咸昌唐橋上日焚蕩龍宮泚馬里縣吏中鐵丸重傷
是日雨不現郡吏口傳
二十五日辛亥晴移陣蘆浦朝發遣軍官李適崔岉巡審伏兵遣右副將巡
審伏兵會都指揮都大將議定約束掌書辛敬立從夕到龍宮縣北山伏兵
陣仍宿縣東里石峴
二十六日壬子晴留陣蘆浦右副將早會龍宮縣監仍向都指揮大將陣所

눈물이 갓끈을 적시었습니다. 그리하여 열읍의 동지들이 안동에 모여 맹세를 하고, 공을 대장으로 추대하였습니다.

안동의병은 1592년 예천을 거쳐 상주 함창의 당교전투에서 혁혁한 공을 세웠다. 김해는 1593년 아내의 장례를 치르고 하루 만에 경주 진영으로 돌아갔으나, 진중에 이르러 문득 병이 들어 죽었다. 나이 39세에 절명시 한 수를 남겼다.

나라와 사직을 구하려고	百年存社計
6월에 군복을 입었다.	六月着戎衣
몸은 나라 위해 먼저 죽지만	爲國身先死
혼은 부모 찾아 돌아가네.	思親魂獨歸

저술이 많았으나 임란 중 거의 없어지고 문집 3책과 『향병일기鄕兵日記』, 『행군수지行軍須知』, 『서행일기西行日記』 등의 귀중한 글을 남겼다. 『행군수지』는 전투군인의 숙지사항을 기록한 책으로, 전쟁의 승패는 "성誠 · 신信 · 인仁 · 애愛로 인심을 얻는 것이 요체"라고 했다. 글을 읽어 발신한 김해에게 전투와 관련된 이런 책자가 남아 있음은 놀라운 일이다. 김해의 이러한 성과에는 빼어난 인품과 학식이 뒷받침되고 있음은 두말할 필요도 없다.

배용길의 글을 보면, "청결한 기질과 순수한 자질은 사람들

가운데 선비였고 선비 가운데 인걸이었다. 비유하면, 금이 금광에 묻혀 있는 것 같고 옥이 돌 속에 숨어 있는 것 같아, 광채를 빛내면 반드시 해가 비추는 듯했다"라고 하고, 학문에 대해서는 "크게는 하늘과 땅을 연구하고 작게는 초목의 꽃과 열매가 맺는 이치를 알았으니, 물질의 법칙과 고금의 사적과 한강이 흐르고 산이 솟구치는 것 등 알지 못하는 것이 없었다"라고 했다. 김해의 이런 인품과 학문의 깊이가 젊은 그를 안동을 대표하는 의병장으로 추대하게 했고 그 이름을 영원히 남기게 했다.

그는 영남좌도의병대장으로서 안동·예천·군위 등지에서 상당한 전과를 올렸다. 계사년(1593) 제야에 지은 시에는 전쟁 중 외로운 객사에서 느끼는 세월의 덧없음과 나라 위한 충성심이 잘 나타나 있다.

외로운 객사에 갑옷 차가운데	孤燈旅舍鐵衣寒
사람들은 오늘 밤에 한 해가 다한다고 하네.	人道今宵歲已闌
하룻밤에 하얀 귀밑머리 더해 가지만	一日能添雙鬢白
오직 평생 동안 일편단심뿐이네.	百年惟有寸心丹

김해는 청춘에 죽었다. 한창 일할 수 있는 39세의 아까운 나이에 죽었다. 죽음은 모든 것을 마감하게 한다. 더 이상 이력을 남길 수가 없다. 이런 경우, 그를 위로할 수 있는 일은 글을 써서

추모하는 일밖에 다른 방도가 없다. 그 글을 '제문祭文'이라 한다. 따라서 제문은 '슬픔의 주조'가 서려 있게 마련인데, 그 가운데 월천 조목의 제문은 '슬프다'라는 뜻의 글자 '희噫'자를 6번이나 써서 고인을 추모했다.

> 먼 길, 뜻이 높았으나 갑자기 이런 지경이 되었으니 슬프고
> 변란의 시국을 맞아 의병을 모집할 수밖에 없으니 슬프고
> 한원에서 포부를 펼쳤으나 시신을 싸서 고향으로 돌아오니 슬프고
> 어린아이들이 눈앞에 가득하고 부모가 생존해 계시니 슬프고
> 부부가 같은 시기에 죽었으니 슬프고
> 양대를 사귀어 늙은 내가 비통하니 슬프다.
> 壯途遠志遽至於斯, 噫, 遭時之變糾旅興師, 噫,
> 翺翔翰苑草裹尸歸, 噫, 幼穉盈前鶴髮在堂, 噫,
> 夫兮婦兮一時具亡, 噫, 兩世交契老我悲傷, 噫.

김해는 선무원종공신宣武原從功臣에 녹훈되고 홍문관수찬에 증직되었으며, 1893년(고종 30)에는 자헌대부이조판서 겸 양관대제학성균관좨주로 추증되었다. 문집으로 『근시재집近始齋集』을 남겼다. 행장은 퇴계-학봉의 학맥을 계승한 대산大山 이상정李象靖이, 묘갈명墓碣銘은 영의정을 지낸 번암 채제공이 찬하였다.

의병대장 근시재선생 순국기념비

2006년 10월 마을 입구 유물전시관 옆에 '영남좌도의병대장 근시재선생 순국기념비'를 세웠다.

이러한 선대의 정신은 후대로 온전히 이어졌다. 근시재의 아들 매원梅園 김광계金光繼(1586~1646)는 박성朴惺의 문인으로, 안동부사로 부임한 한강 정구에게 『심경心經』 등을 물어 학문을 크게 성취하였다. 학행으로 여러 차례 천거되었으나 나아가지 않았다. 병자호란과 정묘호란에 의병장으로 활약하였으며, 『매원유고梅園遺稿』를 남겼다. 근시재의 사자四子인 광악光岳은 한강 정구와 여헌 장현광의 문하에 종유하였고, 병자호란 때 참모로 종군하였다. 근시재의 제종형제들인 김근 · 김강 · 김평 등은 모두 임란에 의병활동을 하면서 엄청난 가재家財를 쓰게 되었다. 이로써 가세가 기울자 근시재 의병진의 의성정제장義城整齊將으로 있던 신홍도申弘道가 후조당종가 일족을 의성으로 옮겨 생활하게 하고 교육까지도 부담하는 등 경제적으로 많은 도움을 주었다. 뒤에 대부분 안동으로 돌아왔지만, 모두 돌아가는 것을 아쉽게 생각한 신홍도 문중의 만류로 광악의 장자인 장碾이 의성 금성면 초전草田에 남게 되었다고 한다. 그 후손들은 지금도 세거지를 지키고 있지만 외지로 나가고 많이 남아 있지는 않다. 최근 이 계열에서 학자와 박사가 많이 배출되었는데, 그것은 누대에 걸쳐 투철한 보종의식과 양반후예로서의 자긍심을 지켜 왔기 때문이라 생각된다.

2) 김령

김령金坽(1577~1641)은 탁청정 김유의 손자이고 설월당 김부륜의 아들로 한양에서 출생하였다. 자는 자준子峻이고 호는 계암溪巖이다. 광해군 4년(1612)에 문과에 급제하여 정자正字 · 주서注書를 거쳤으나, 광해군의 난정亂政을 보고 벼슬을 버리고 귀향하였다. 인조반정 후에 지평持平 · 정랑正郎 · 의주판관義州判官 · 장령掌令 · 집의執義 · 사간司諫 등을 제수받았으나 불사이군지의不事二君之義로 나아가지 않으니 문간공文簡公 정온鄭蘊이 탄식해 말하기를 "우리 왕조의 계암공은 무왕조武王朝의 백이伯夷와 같다" 하였으며, 병자란에는 가재를 털어 군비를 보조하였다. 『존주록尊周錄』에 척화제일斥和第一 등으로 실렸으며, 약관 시절에는 지지地誌를 모아 천하지도天下地圖를 만들었다. 숙종은 "지조지확志操之確과 풍절지고風節之高는 사림의 긍식矜式이라" 하여 도승지를 증직하였고, 영조는 그 지절을 가상히 여겨 은殷나라 삼은三隱에 비하고 원액院額을 하사하였으며, 정조는 "김계암의 사실이 매우 뛰어나니 후손을 녹용하라"라는 교지를 내렸다. 순조 계유년癸酉年(1813)에 자헌대부이조판서資憲大夫吏曺判書 겸 양관대제학兩館大提學을 추증하였고, 갑술년甲戌年(1814)에 문정공文貞公의 시호가 내리니 "도덕박문道德博聞함을 일컬어 문文이라 하고 청백수절淸白守節함을 일컬어 정貞이라 한다"라는 풀이가 따랐다. 저서로 문집 6권 4책과 38년간의 일기 8책이 전한다.

김령은 사관史官으로 재직하다가 인목대비가 서궁에 유폐된 소식을 듣고 "간신이 권세를 농단하니 사람들의 기강이 끊어졌다"라고 탄식하며 고향으로 돌아와 두문불출했다. 인조반정 직후 조정에서는 지평 벼슬을 내려 그를 서울로 불러들였는데, 그는 서울로 가는 도중에 '권세가가 거사를 도모해 임금을 바꾸었는데 광해 임금은 그 사실을 모르고 있었다' 는 소식을 전해 듣고는 말머리를 돌려 고향으로 돌아갔고, 이로부터 병을 핑계로 19년을 고향에서 보냈다. 『계암일록溪巖日錄』에서는 "돌아와서는 식음을 전폐하고, 세수도 않고 바지도 입지 않은 채 이불을 뒤집어쓰고 앉았다 누웠다 하기를 2~3년, 그 뒤 6~7년은 일절 문밖출입도 하지 않았다"라고 했다.

얼마 후 병자호란이 일어나자 김해의 아들 김광계가 또한 아버지처럼 의병을 일으켜 스스로 선봉이 되었는데, 김령은 아들 김요형金耀亨을 그 막하로 보냈다. 김광계가 이끄는 예안의병은 죽령까지 진출했으나 도중에 남한산성의 항복 소식을 듣고 해산했다. 김광계는 이후 고향으로 돌아와 '숭정처사'로 일생을 마쳤다. 김령은 이때 서쪽을 향해 통곡하고 평생을 통분해하며 「제숭정력題崇禎曆」이라는 시를 지었는데, 이는 명나라를 흠모하는 절절한 마음에서 나왔다. 필자는 이들을 명분을 중요시하는 순수지조주의자라 이름 붙여 본다.

'명분'은 지키기 어려운 것이고 '순수'도 지키기 어려운 것이며 '지조'도 지키기 어려운 것이다. 그 어려움은 아득한 날 수양산에 들어가 '고사리로 생애를 마쳤다'는 백이 · 숙제 형제의 논리에까지 소급된다. '백이 · 숙제'는 동양 역사의 영원한 지조의 원형이다. 그런데 참혹한 형벌을 받은 성삼문成三問이 형장으로 끌려가며 "그 고사리마저 누구의 땅에 난 것이냐" 하였으니, 불사이군의 대명사는 어쩌면 성삼문이 아닌지 모르겠다.

그렇지만 김령의 생애 또한 '지조의 원형' 으로 분명 범인이 흉내 내기 어려운 일이었다. 김령은 임금을 위해 '불사이군' 했고, 나라를 위해 '승정처사' 가 되었다. 최근 「계암정기문」을 쓴 김일대金日大 선생의 글을 읽어 보니, "선생은 마음속으로 인조반정을 부인했으나 감히 공개적으로 드러낼 수 없었기에 오직 병을 핑계로 19년의 세월을 보낸 것이니, 어찌 어려운 일이 아니겠는가" 라고 했다.

'어려운 일의 선택' 이 김령의 인생이었고, 그에 대한 보상이 시호내림이고, 그에 대한 존경이 '불천위추존' 이었다. 『조선왕조실록』에는 "지조가 있어 여러 번 불렀으나 사양하며 종신토록 고개를 넘지 않았으니, 영남 제일인" 이라 했다. 한 인간이 나라로부터 시호를 받고 집안과 향중으로부터 불천위로 존봉되는 데는 이런 정도의 연유가 있었다. 김령은 그런 분이었다.

사람들은 오천 광산김씨를 '600년을 이어온 '문文과 재財' 의 전통명가' 라 한다. 적절한 표현이라 생각된다. 그 전통에서 '문' 은 '지조' 로 나타났고 '재' 는 '너그러움' 으로 승화되었다. 지조는 입향조 이후 하나의 전통이 되었으니, 칠군자가 그러했고 그 후손들인 김해와 그의 아들 김광계가 그러했으며 또 그 후손인 김태익金台翼이 그러했고 김시찬金是瓚도 그러했다.

김시찬은 당대의 학자로 문명을 떨쳐 임금이 특명으로 관직을 내렸지만 서울로 올라가서 사은謝恩도 하지 않고 돌아온 그런 인물이었다. 이런 지조와 기개는 일제 치하에서 일제에 대항한 김남수金南洙에게도 나타나고, 현대사에서는 당대의 처사이며 후조당 종손으로 안동 최후의 선비였던 단산 김종구金鍾九가 박정희 대통령에게 올린 「국가 윤리법을 엄중히 시행해 줄 건의문」(請國家倫理法特施嚴重狀)으로 나타나기도 했다. 한 대목을 보면, "원하건대 각하께서는 영단을 내려 헌법강령에 윤리법을 특별히 제정하여 한 번이라도 중범을 저지르는 자는 사형이나 종신형에 처하도록 일벌백계의 원칙을 세워야 합니다. 이렇게 된다면 민의 사회적 고통은 그치게 될 것입니다. 그렇지 않고 한 번이라도 형벌을 가볍게 한다면 파렴치한 자들이 멋대로 범법행위를 자행하여 사회가 혼란스러울 것입니다"라고 했다.

너그러움으로 승화한 '재財의 전통'은 더욱 놀라운 측면이 있다. 안동의 남인들이 한결같이 가난을 면하기 어려운 시대에 이 집은 500여 년 세월 동안 별로 부족함이 없었고, 그런 여유가 역동서원·도산서원의 건립에 상당한 후원을 하게 했으며, 여러 명문들과의 혼인에도 영향을 끼쳤다고 할 수 있다. 특히 접빈객의 훌륭함은 타 문중의 귀감이 되고도 남았다. 이런 특징에 대해 『선성지』의 기록을 다시 인용해 보면 다음과 같다.

> 오천 광산김씨는 집에서 효도하고 나가서는 공경한다. 형은 우애하고 아우는 공경하며 시비를 분명히 하여 사람들이 경외

하였다. 악을 미워하고 선을 좋아하며 성품이 엄정하고 열심히 공부하여 모두 글을 잘 지으니 참으로 군자답다. 집집마다 사마司馬요 집집마다 시주詩酒가 있어 손님이 오면 온갖 정성을 다하였다.

'효도하고 우애하며' '악을 미워하고 선을 좋아하며' '열심히 공부하여 군자가 되는 마을', 그리고 '손님이 오면 온갖 정성을 다하는 집'이 '오천 군자리'이다. 이런 전통을 가진 가문이 전국 어디에 또 있겠는가, 우리 인간의 삶에서 더 이상 추구할 덕목이 어디에 있는가! 물론 『선성지』의 기록은 오천 광산김씨의 과거에 대한 평가이다. 그렇지만 한편으로는 이 집의 현재이며 미래일 수도 있다. 이런 명예로운 전통을 계속해서 이어가는 것은 전적으로 이 집 후손들의 몫임은 말할 필요도 없다.

최근 100여 년간 후조당종택 종손들의 혼인관계를 살펴보면, 2011년 타계한 종손 김준식의 고조부는 정재 류치명의 손녀이며 김진화의 외손녀인 류지호의 딸을, 증조부는 참판 이만운의 손녀인 이중건의 딸을, 조부는 수정재 류정문의 증손녀이며 향산 이만도의 외손녀인 류연린의 딸을 각각 아내로 맞이했다. 정재 종택과 수정재, 그리고 계남댁은 안동의 전주류씨와 진성이씨 최고의 명문가이며, 그런 세의世誼의 전통은 지금도 이어지고 있다.

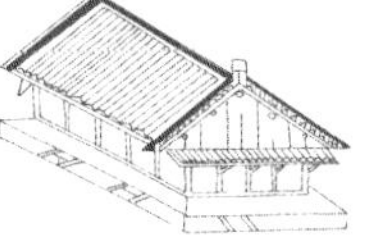

君子마을

제2장 후조당의 고문서 · 전적과 재산상속

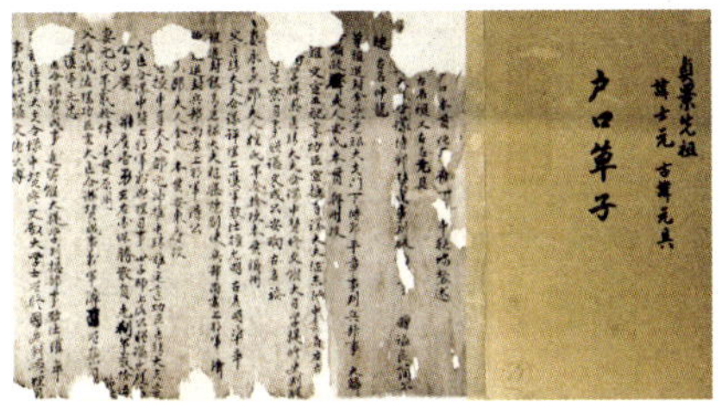

1. 종가 소장 유물과 전적

1973년 안동댐 건설로 말미암아 후조당종택을 포함한 많은 건물이 물에 잠기게 되어 부득이 종택을 해체·이건하게 되었는데, 해체 도중 대청마루 천정의 우물반자 안에서 엄청난 양의 고문서가 쏟아졌다. 문서 종류는 교서敎書·교지敎旨·입안立案·호구단자戶口單子(准戶口)·시권試券·소지所志·분재기分財記·토지문기土地文記·노비문기奴婢文記·완의完議·간찰簡札 등이다. 그 수량은 고서 및 문집류 2,500여 권, 고문서류 1,500여 점이다.

1) 광산김씨 예안파 종가 소장 고문서

이 문서들은 안동 예안의 광산김씨 예안파의 종가에 소장되어 있는 것으로 보물 제1018호로 지정되어 있다. 광산김씨는 광주의 토성 가운데 제일의 족세族勢를 자랑하는 가문으로, 고려 후기에 중앙의 관료로 진출하여 정당문학政堂文學 김련金璉, 찬성사贊成事 사원士元, 정당문학 진稹 등의 재상들을 배출하였다. 여말선초에 순흥안씨·안동김씨 등과 혼인을 하면서 안동으로 낙향하였고, 이곳에서 일정한 족적族的·경제적 기반을 가지게 되었다. 16세기에 이르러 김연金緣(1487~1544)이 문과에 급제하여 강원감사·경주부윤 등 내외의 관직을 역임하고, 이언적李彦迪·권벌權橃 등과 교유하면서 안동지역에서 확고한 재지적 기반을 구축하게 됨에 따라 더욱 번성하였다. 현재 광산김씨 예안파 종가에는 21대 600년간에 걸쳐 전래된 고문서 1,500여 점이 보관되어 있는데, 그중 문화재로 지정된 것은 7종 429점이다. 이들을 간단히 정리하면 다음과 같다.

(1) 교지敎旨·교서敎書·교첩敎牒·차첩差帖 등 82점

1481년(성종 12) 생원 김효로金孝盧의 장사랑將士郎 임명장을 비롯하여 그의 후손인 김연, 김부의, 김해, 김광계, 김대, 김지원

등의 각종 교서 · 교지 · 교첩과 사령장 및 시호교지, 그리고 김부필의 처, 김대의 증조비 이씨, 조비, 비, 처 등 부인직婦人職에 이르기까지의 김씨 가문의 각종 문서들로, 연대적으로는 1481년(성종 12)에서 1893년(고종 30)까지 약 500여 년에 달한다.

(2) 호적단자戶籍單子 43점

1301년(충렬왕 17) 김련金璉의 고려시대 호구단자는 원본이 아니고 후대에 와서 원본을 그대로 필사한 것인데, 고려시대 호구의 전반적인 상황을 살피는 데 귀중한 자료이다. 이 밖에도 김진金稹의 호구단자를 위시하여 1897년(광무 1)까지의 호적관계 자료들이 있다.

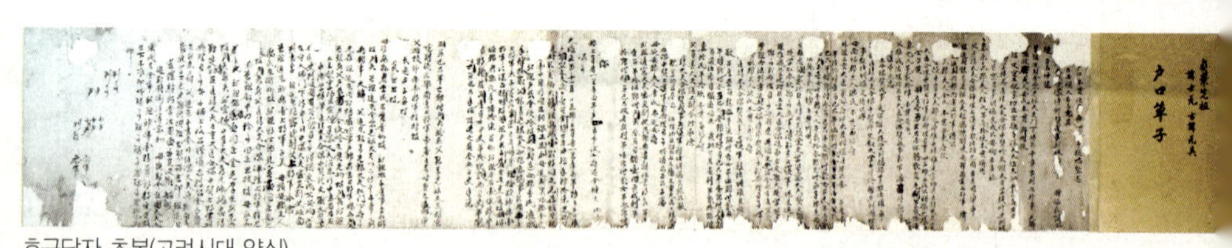

호구단자 초본(고려시대 양식)

(3) 입양入養 · 입안문서立案文書 4점

1480년(성종 11) 김효로의 후계後繼 입양 · 입안문서를 비롯하여 1627년(인조 5)에 김광계가 동생 광실의 셋째 아들 김렴金磏을 후사後嗣로 삼을 것을 청언하는 소지所志 및 이에 대한 예조의 입안문立案文 등 입양에 관련된 각종 문서이다.

(4) 소지所志 91점

1567년(명종 22)에 김부필金富弼이 양아들 김해를 대신하여 현감에게 올린 소지를 비롯하여 유학 김제신, 김노헌 등이 예안 성주城主에게 올리는 소지에 이르기까지 각종 사건에 대하여 관찰사, 군수 등에게 올리는 소지이다. 1900년대(광무 4)까지의 각종 소지이다.

(5) 분재기分財記 45점

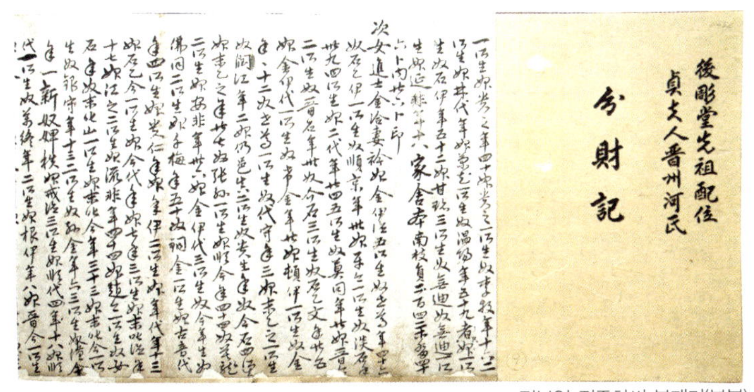
後彫堂先祖配位
貞夫人晋州河氏
分財記

정부인 진주하씨 분재기(부분)

1429년(세종 11) 김무金務가 자녀, 손자, 외손자, 등에게 나누어 주는 노비분급기에서부터 1731년(영조 7)에 김대가 장자 지원에게 별급하는 문기 등 각종 노비奴婢·전답田畓에 대한 재산을 나누는 기록들이다.

(6) 명문明文 154점

1477년(성종 8) 이후 1909년(융희 3)까지의 문중에서 매매되어 온 가옥家屋·전답田畓·노비奴婢 등 각종 매매에 대한 문서이다.

(7) 예장지禮狀紙 10점

1562년(명종 17) 생원인 김부필이 동생 부의의 혼사를 위하여 납채하는 예장지를 비롯하여 1886년(고종 23) 김노헌이 장자 기동의 혼사를 위하여 납징하는 예장지 등 혼사婚事에 관련된 각종 예장지이다.

이들 고문서들은 여말선초에서 구한말에 이르기까지의 각종 자료들로서 우리의 고문서를 연구하고 당시의 정치·경제·사회·가족제도 등을 알 수 있는 귀중한 자료들이다.

2) 광산김씨 예안파 종가 소장 전적

현재 종가에는 조선왕조 전기 이래의 각종 전적 2,500여 책이 보관되어 있는데, 이 중 13종 61점이 보물 제1019호로 지정되어 있다. 중요한 것을 정리하면 다음과 같다.

(1) 서전書傳

송나라의 채침蔡沈이 편찬한 것으로 총 10책 중 5권, 6권, 10권의 3책이 없어지고 7책이 남아 있다. 조선 전기의 목판본으로 김부의金富儀의 이름과 자 등의 인기印記가 있는 것으로 보아 그의 수택본手澤本임을 알 수 있다.

「송조명신언행록」

(2) 송조명신언행록宋朝名臣言行錄

1502년(연산군 8)경에 청도군清道郡에서 갑인자甲寅字 복각자覆刻字로 간행한 책으로 현재 17책만이 남아 있다. 이 책은 청도군수 이윤李胤의

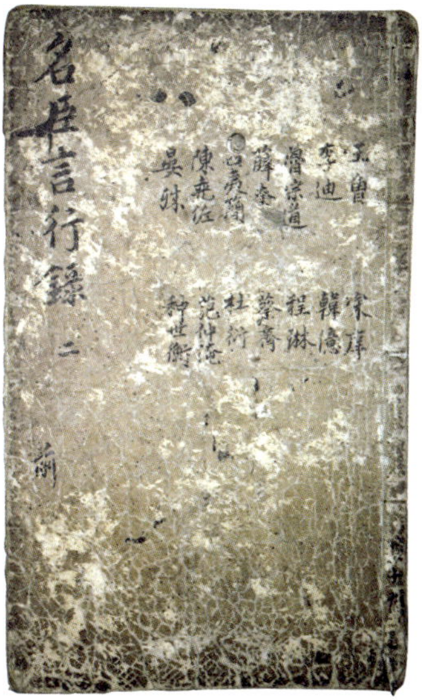

친구인 최자직崔子直이 오산鰲山군수로 부임하였을 때 여가가 있을 때마다 읽었던 것인데, 판각이 없어 청도군에서 판각한 것이다.

(3) 매월당집梅月堂集

1583년(선조 16)경에 재주再鑄 갑인자로 간행된 김시습金時習(1435~1493)의 문집으로 모두 11책이지만 현재는 10책이 남아 있다. 이 책은 김시습의 시문들이 흩어져 없어지자 이자李耔, 박상朴祥, 윤춘년尹春年 등이 그의 유고를 모아 간행한 것이다. 이자와

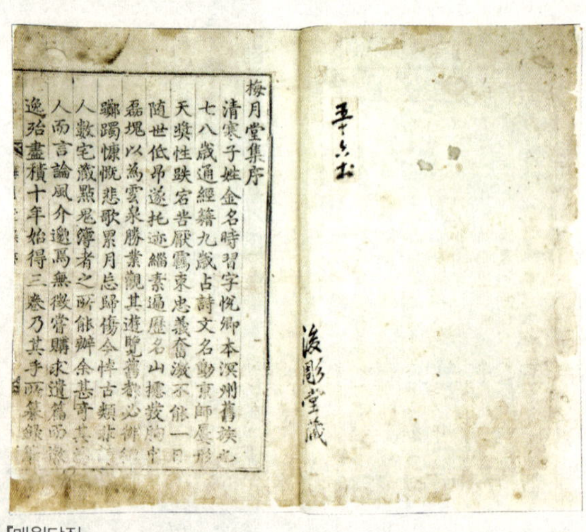

梅月堂集序
清寒子姓金名時習字悅卿本溟州舊族
七八歲通經籍九歲占詩文名動京師
天挺性跌宕甞厭囂柬忠義奮激不能一
隨世低昂遂托迹緇素遍歷名山攄發胸
磊塊以爲雲泉勝業觀其遊覽舊都必
躑躅慷慨悲歌累月忘歸傷今悼古類
人數宅殲黜晃薄者之所能辨余甚奇
人而言論風介邈焉無徵嘗購求遺篇
逸殆盡積十年始得三卷乃其手所纂

『매월당집』

이산해가 서문을 썼다.

(4) 점필재집佔畢齋集

임진왜란 이전에 목판본으로 간행된 김종직金宗直(1431~1492)의 문집으로, 총 23권 5책 전체가 다 남아 있다. 이 책에는 선상공가장서先相公家藏書, 김부의근추기金富儀謹追記의 2개의 수장인收藏印이 찍혀 있는데, 퇴계의 문하에서 공부한 김부의가 부친의 수택본을 이어받아 소장하면서 이용한 것으로 보인다.

(5) 역대명감歷代明鑑

연산군 재위(1494~1506) 때에 홍귀달洪貴達 등이 왕명을 받아 역대 군신君臣 · 후비后妃 중에서 귀감이 될 수 있는 언행을 골라 후세에 알리기 위하여 갑인자로 편집 간행한 책이다. 총 7책 27권인데 1책(4~7권)이 없어지고 6책만 남아 있다.

(6) 주자대전朱子大全

송나라 주희朱熹의 저술을 중종 재위(1506~1544) 때에 을해자乙亥字로 간행한 책으로 현재는 목록과 1책(49~50권)만이 남아 보관되고 있다.

(7) 논어집주論語集註

『논어』에 주희가 주를 단 것으로 선조 연간에 재주再鑄 갑인자로 간행된 책인데 19권 3책 모두가 남아 있다.

(8) 주자실기朱子實記

명나라의 대선戴銑이 편찬한 것으로 중종, 명종 연간에 목판본으로 간행한 책이다. 11권 5책이 다 남아 있다. 책마다 김부필의 소장자인所藏者印이 찍혀 있다.

(9) 징비록懲毖錄

류성룡이 관직에서 물러난 뒤 선조 25년에서 32년까지 7년간의 임진왜란 동안의 일을 적은 책이다. 현재 2권과 5권 2책만이 남아 있는데, 임란 이후에 인출한 목판본의 초간본으로 보인다. 류성룡이 직접 집필한 필사본은 국보 제132호로 지정되어 한국국학진흥원에 위탁 보관되어 있다.

(10) 근사록近思錄

송나라의 주희와 여조겸呂祖謙이 공저한 책이다. 성리학 공부를 하는 입문도서로서 논리가 정연하고 깊이가 있는 저술로 알려져 있다. 초주갑인자본初鑄甲寅字本으로 명종, 선조 연간에 간행되었다. 모두 3책인데, 3~5권 1책만 전하고 전후의 책은 없어졌다.

(11) 퇴도선생유묵退陶先生遺墨

퇴계선생이 손수 지어 필사한 농수 김효로의 묘갈명으로, 8장 17면으로 되어 있다. 표시 오른쪽에 '선조묘갈명先祖墓碣銘' 이라고 묵서墨書로 적혀 있다.

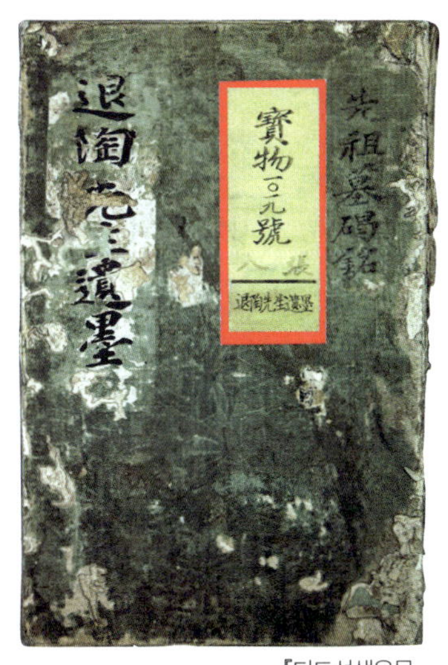

『퇴도선생유묵』

(12) 퇴계선생필법退溪先生筆法

송나라 소강절邵康節의 저술을 1면에 2자씩 배정하여 30면에 필사하고 끝에는 저자 이름을 적었다. 60자 중 한 자의 중복도 없다. '퇴계선생서법退溪先生書法' 이라고 적힌 것으로 보아 법첩法帖으로 사용된 것으로 추정된다.

(13) 별시첩別詩帖

운암雲巖 김연金緣이 영천군수로 부임할 때 동료 및 선후배들이 남긴 별시첩이다. 1첩 17장으로 된 이 별시첩에는 조광조趙光祖, 성세창成世昌, 이자李耔, 나세찬羅世纘, 성수종成守琮, 이장곤李長坤, 송인수宋麟壽, 엄흔嚴昕, 정응두丁應斗, 김종윤金宗胤 등의 시가 수록되어 있다.

이 전적들은 조선조에 간행된 것으로 역사적 · 서지학적으로 가치가 있는 귀중한 문화재들이다.

3) 후조당 유물

김연의 맏아들인 후조당 김부필 후예의 종손가에 소장되어 있는 문적으로, 경상북도 유형문화재 제64호로 지정되어 있다. 이들 자료는 교지敎旨 2점, 유묵遺墨 3책, 일기 2책 등인데, 구체적인 내용은 다음과 같다.

(1) 교지

1822년(순조 22) 김부필 증직교지 및 1825년(순조 25)에 문순文純이라는 시호를 받은 교지이다.

(2) 퇴계유묵 2책

2책 중 1책은 퇴계 이황이 김부필의 묘갈명을 초草한 것으로 9매이며 폭은 17.5cm, 글자 크기는 3.3cm×2.8cm이다. 1책은 『퇴계선생서법』으로 크기는 가로 42cm, 세로 26cm이며, 해서체로 필치가 매우 아름답다. 글자의 크기는 14.5cm×15.5cm이다.

(3) 전가보첩傳家寶帖 1책

오천리에 거주했던 광산김씨 일족의 서한을 세계별世系別로 정리하여 하나의 책으로 만든 것으로 김연, 김유, 김부의, 김부인, 김부륜, 김해 등의 편지글이 수록되어 있다. 크기는 가로 31.5cm, 세로 21.5cm이다.

(4) 향병일기鄕兵日記

김해가 임진왜란 때에 안동 예안을 중심으로 의병항쟁에 참여하여 많은 전공을 세우면서, 1592년(선조 25)에서 다음 해까지 기록한 일기이다. 크기는 가로 32cm, 세로 21.5cm이며 백지에 쓴 필사본筆寫本으로 보관 상태가 양호하다. 임진왜란 연구에 대단히 중요한 자료이다.

4) 설월당종택 소장 전적 및 고문서

광산김씨 예안파 내 설월당 공파의 소장 고문서 및 전적이다. 현재 가문에는 『설월당유고雪月堂遺稿』와 『계암일록溪巖日錄』을 비롯하여 1,500여 점의 전적 및 고문서가 소장되어 있다. 고문서의 내용은 교지 · 교첩 · 유지有志 · 분재기 · 호구단자 · 제문 · 간찰류 등이다. 이 중에서 김령이 쓴 『계암일록』은 그가 40여 년간 초야에 묻혀 살면서 기록한 일상의 생활일기로, 17세기 지방에 거주하는 양반들의 삶의 모습을 구체적으로 살필 수 있는 중요한 내용을 담고 있다. 특히 선조 · 인조 연간의 중앙과 지방의 구체적인 실상을 소개해 놓았다.

이 일기는 원래 '일록' 이라는 제목으로 표기되어 있다. 구성은 전체 8책으로 계암의 나이 27세 때인 1603년 7월 1일부터

주요 유물

1641년 65세로 세상을 떠나던 3월 12일까지의 내용을 담고 있다. 중간에 일부 빠진 날짜가 있기는 하나 거의 완벽하게 갖추어져 있다. 그러나 현존하는 필사본 8책은 계암 자신의 자필본은 아닌 것 같다. 그 이유로, 먼저 필체가 여러 종류로 되어 있어 한 사람이 쓴 글씨체로 보기는 어렵고, 또 내용 중에 빠진 부분은 결缺(빠짐), 차하결次下缺(이 아래 부분은 빠짐)이라는 설명을 분명히 한 것으로 보아, 대개 전해 오던 초고본을 후대에 다시 써서 정리한 것으로 보인다. 이와 함께 설월당 김부륜과 계암 김령 부자가 관련된 교지·교첩류 약 90여 점과 간찰류 약 250여 건, 기타 분재기, 시권, 혼서婚書 등 50여 건이 남아 있다.

후조당의 문서가 발견되자 당시 많은 사람들이 놀랐고, 뒤에 그 자료의 중요성을 인식한 한국정신문화연구원(현 한국학중앙연구원)에서 고전자료총서 82-2 『광산김씨오천고문서光山金氏烏川古文書』를 탈초脫草·영인影印하여 해제를 붙여 자료집으로 발간하게 된다. 이를 계기로 자료가 학계에 알려지고, 1990년 3월 2일 국가지정 보물 제1018호로 광산김씨 예안파 종가 고문서 7종 429점이, 보물 제1019호로 광산김씨 예안파 종가 전적 13종 61점이 지정을 받고 유물전시관도 건립하게 되었다.

이 가운데 탁청정의 작품으로 설월당종가에서 소장하고 있는 우리나라 한문본 최고의 조리서 『수운잡방需雲雜方』(경상북도 유형문화재 제320호, 한국국학진흥원에 위탁·보관)이 있는데, 이것은 여중군자女中君子 정부인貞夫人 장계향張桂香이 지은 동아시아 최고의 한글 조리서인 『규곤시의방閨壼是義方』 즉 『음식디미방』(경북대학교 도서관에 위탁·보관)과 함께 매우 중요한 책이다. 따라서 경상북도에서는 먼저 이 두 책의 보물 지정을 추진하고, 궁극적으로는 유네스코 세계기록유산으로 등재를 신청할 계획이다.

2. 후조당종가의 재산 소유 규모와 상속

1) 분재기에 나타난 재산 규모와 상속 형태

종가의 전답과 노비의 출입 증감을 살펴볼 수 있는 것은 김무金務 이래 300여 년간의 분재기分財記로 15세기 중반부터 17세기 초까지의 시기에 집중되어 있다. 그 가운데 중요한 것을 정리해 보면 다음과 같다.

1429년 「김무허여문기金務許與文記」에는 1418년(태종 18) 자식 6남매에게 노비 73구口를 평균분급平均分給하였고 1429년(세종 11)에 152구를 6남매와 내외 손자녀에게 분급하였다고 되어 있어, 조선 초기에 총 225구라는 대단한 규모의 노비를 소유하고 있었던 것을 알 수 있다. 이로부터 50년 뒤인 1479년 「김회처노씨허여문기金淮妻盧氏許與文記」에는 총 57구의 노비가 등재되었는데, 김회의 노비가 23구, 부인 노씨가 32구로, 부인이 친정에서 데리고 온 노비가 시가의 노비보다 많았다. 이 재산은 장자 효원, 차자 효로, 딸(權叔均의 처) 등에게 나누어졌다. 효원이 후손이 없어 효로가 가계를 계승하고 이름도 효로孝盧라 하여 모친 안강노씨에게 효도하라고 지은 것은 처가나 외가의 재산이 큰 비중을 차지한 데서 자연스럽게 그리된 것이 아닌가 여겨진다. 안강노씨는 시조인 노수盧穗가 중국 당대唐代에 난을 피해 아홉 아들을 데리고 신라로 오면서 시작되었는데, 아들들이 모두 현달하였다. 그중 노곤盧坤이 안강백安康伯에 봉해지면서 본관을 얻고, 이후 선산 · 상주 · 의성 · 개령 · 용궁 · 예천 · 군위 등지에 살게 되었다. 선산 문동文洞을 중심으로 재지적 기반을 확고히 했으며, 조선 초기에 광산김씨 같은 안동의 유력한 양반과의 혼인이 이루어졌던 것이다. 성종 연간에는 당시 안동의 대표적 양반가문(안동권씨, 홍해배씨, 고성이씨, 영양남씨, 안강노씨)으로 구성된 우향계友鄕契(友鄕契軸은 보물 제896호로, 그 서문은 四佳 徐居正이 撰하였다)에 참여할 정도였고, 조선 중기에는 하회의 풍산류씨와도 혼인한 기록이 있다.(박홍갑, 『조선조 사족사회의 전개』 참조)

「김효지처황씨허여문기金孝之妻黃氏許與文記」에 보면 재주財主 황씨(김효로의 종조모)는 총 41구의 부변노비夫邊奴婢(남편 몫으로 되어 있는 노비)를 계양자繼養子 효로에게 15구, 수양녀收養女 명주明珠에게 12구, 시양삼촌질녀侍養三寸姪女(金澗의 처 김씨) 등 7인에게 각각 1~3구씩 나누어 주었다. 같은 해 11월 25일에는 전답을 분급하였는데, 예안현 오천촌을 중심으로 분포되었다. 계양자 효로에게 와가를 포함 전답 약 200복卜, 수양녀 명주에게 전답 146복, 시양삼촌질녀 김씨에게 전답 200여 복을 분급하였다. 전체 전답 규모가 약 550복이면 당시로서는 상당한 재산이라고 할 수 있다.

「김회처노씨허여문기金淮妻盧氏許與文記」(1492)를 보면 안강노씨가 총 81구의 노비를 분급하면서 아들 효원에게 28구, 효로에게 26구, 딸 권숙균의 처에게 27구를 각각 균분상속하였다. 이로부터 16년 뒤에 작성된 「김효원처오씨허여문기金孝源妻吳氏許與文記」(1508)에는 재주財主 오씨가 자식이 없어 조카 김연金緣에게 자기 몫으로 되어 있는 노비 20구와 친정이 있는 임하현과 그 주변의 전답 3,120복 6속束을 분재하였다고 되어 있다. 김연은 광산김씨가 안동으로 낙남한 이후 최초로 문과를 거쳐 내외요직을 역임하면서 국가로부터 녹봉을 받았고, 여기에 더하여 친가·처가·외가로부터 상당한 재산을 상속받음으로써 재산 규모가 커졌음을 알 수 있다.

이로부터 38년 뒤 작성된 「김연사남매전답화회문기金緣四男妹田畓和會文記」(1544)에 따르면 주로 예안·안동에 밭 242마지기, 논 234마지기로 476마지기가 있었음이 확인된다. 임진왜란 발발 약 50년 전에 이 정도의 전답을 가졌다는 데서 종가의 사회 · 경제적 기반이 매우 탄탄했음을 알 수 있다.

전답화회분재 이후 6년 만에 이루어진 「김연사남매노비화회문기金緣四男妹奴婢和會文記」(1550)를 보면 전체 노비는 190구이며, 장남인 김연에게 46구(奉祀條 6구), 차자 김유金綏 51구, 장녀 김우金雨의 처 43구, 차녀 금재琴梓의 처 43구, 외손자 부춘富春(김우의 아들) 1구로 되어 있다. 아들에게 조금 많이 주는 것으로 보이지만 대체로 평균분급에 가까운 상속 형태라 할 수 있다. 다만 장자에게 별도의 봉사조 몫을 상속한 것은 『경국대전經國大典』에서 규정한 승중자承重子우대상속의 일면이 현실적으로 나타난 것이라 할 수 있다. 9년 뒤에 작성된 「김부필오남매노비화회문기金富弼五男妹奴婢和會文記」(1559)에는 전체 226구의 노비를 각각 43~47구씩 나누어 가졌다고 되어 있어, 9년 사이에 36구가 증가한 것을 알 수 있다.

이 시기에 작성된 「김부필 · 김부의형제전택분금기金富弼 · 金富儀兄弟田宅分衿記」(일부 훼손)를 보면, 대소가사大小家舍 5좌坐와 전답 700여 마지기(예안, 풍산, 임하, 안덕, 영천, 공주 등지에 산재)가 있었다.

김부필 부부는 아들이 없어 동생 부의의 아들 해垓를 3세 전에 수양하여 계후자로 삼게 되면서 부필 · 부의 형제의 재산이 해에게 집중되었다. 그러나 김해가 영남의병대장이 되어 임진왜란에 참전하면서 엄청난 재산을 군비로 쓰고 본인도 순국하게 되어 집안 전체가 경제적으로 큰 어려움을 겪게 된다. 전쟁이 끝난 뒤인 1619년 김해의 처 진성이씨(李滉의 從孫女)가 친정으로부터 전답 약 180마지기를 받아 온다.

김해 부부의 재산은 장자 광계光繼를 비롯한 네 아들과 사위인 박회무朴檜茂(潘南朴氏, 榮州 거주) · 류암柳嵒 · 이시명李時明(載寧李氏, 寧海 거주, 후처는 貞夫人 안동장씨로 張興孝의 女) 등에게 균분되었다. 광계는 부모로부터 재산을 받은 것 외에 부인 광주이씨(李山岳의 女)로부터도 많은 재산을 상속받는다.

2) 호구단자에 나타난 노비의 규모와 거주형태

호구단자는 총 46건으로, 이 가운데 사본으로 된 고려시대 호구단자(准戶口) 2점을 제외하면 17세기에 4건이 있을 뿐 주로 18~19세기에 집중되어 있다. 분재기가 15~16세기에 집중되어 있는 점과 비교된다. 최승희 교수에 의하면 "고려시대의 사본 형태로 되어 있는 것은 김련金璉의 준호구와 김진金稹의 호구단자가 혼효混淆되어 있으며, 이 사본을 만들 때는 이미 원본이 많이 훼손되어 필사 과정에서 잘못 연결된 것으로 보인다"라고 한다. 그러나 김련의 준호구는 그가 47세 때인 1261년에 작성된 장적帳籍에 준하여 1301년에 등급謄給된 것으로 1261년의 준호구 양식을 보여 주고 있어, 김진의 추심推尋 호구단자와 함께 고려 후기 사회사 연구에 귀중한 자료가 된다고 할 수 있다. 아울러 15세기 말부터 19세기 말에 이르는 근 500년간 연결된 자료라는 데서 큰 의미가 있다.

호구단자의 분석을 통해 이 시기 노비의 소유규모와 거주지를 살펴보기로 하자. 솔거노비의 소유규모는 시기에 따라 달랐지만 대개 30~32구 정도였으며, 이들은 주인집 내에 상주하거나 이웃에 거처를 마련하여 살면서 주인이 요구하는 각종 사역을 담당하였다. 이에 비해 외거노비는 일 년에 주인에게 내야 하는 신공身貢을 바치는 것으로 의무를 다하기 때문에 솔거노비에 비해 인신속박이 그만큼 약했다고 볼 수 있다. 외거노비의 거주지를 기록한 것은 18세기 초에서 19세기 초 무렵인데, 이 시기에 작성된 10건의 호구단자에 나타난 외거노비는 58~137구 정도였다. 외거노비의 거주지역은 안동 부내의 7개 지역을 위시하여 가까운 곳은 청도 · 영양 · 연일 · 순흥 · 봉화 · 의성 · 선산 · 칠곡 · 고령 · 현풍 · 영덕 · 영해 · 평해 · 풍기 · 영주 · 성주 등지이며, 먼 곳은 진주 · 안성 · 영산 · 광주 · 양주 · 남양 · 전주 · 춘천 등지였다.

외거노비에 대한 기록은 19세기 초까지 철저하게 이어지고 있었지만, 노비의 연령이나 생활집단의 규모, 원거리 거주라는 전반적인 상황으로 미루어 18세기 후반부터는 그냥 호구단자에 실리기만 할 뿐 실제로는 신공의 징수나 전반적인 확인 · 관리가 어려워졌다고 볼 수 있다. 이는 조선 후기 사회·경제적인 변동에 따라 서서히 노비제도가 무너져 가는 과정이라고 하겠다.

君子마을

제3장 후조당의 제례와 음식

후조당종가의 제례는 안동지역 대부분의 종가와 유사하다. 4대봉사 기제와 명절 차례, 음력 시월에 지내는 묘제가 있다.

주지하는 바와 같이 기제는 부모, 조부모, 증조부모, 고조부모까지 4대 조상 중 돌아가신 어른의 기일에 지낸다. 원래는 외내 세거지에서 기제를 모셨지만, 종택이 안동댐 건설로 인해 안동 시내 태화동으로 옮겨 30년을 살게 되면서 거기에서 기제를 모셔 왔다. 그러다가 군자리 문화재단지 내에 군자고와君子古窩를 건립하여 종손 내외가 여기에 기거하게 된 뒤로는 제례를 군자리 문화재단지에서 받들고 있다. 2011년 종손의 별세로 지금은 노종부가 집을 지키고 있다. 차례는 원래 명일제名日祭라 하여 명절로 쳤던 설날 · 청명 · 한식 · 단오 · 유두 · 칠석 · 추석 · 중양 · 동지 등에 계절 음식을 차려 조상께 제사를 지냈으나, 지금은 대부분 생략되고 설날과 추석 두 명절에 차례를 지낸다.

이와 함께 조상 묘소에 가서 제사를 지내는 묘제는 보통 음력 시월에 행하는데, 대체로 묘소가 확인되는 모든 조상을 모신다. 실묘失墓한 경우 단소壇所를 만들어 단제를 지낸다.

후조당종가의 경우 특별히 안동 유림이 주관하여 춘추로 향사를 하는 부조위 제사不祧位祭祀를 모시고 있다. 부조위는 예안 입향조인 농수 김효로와 임란 때 영남의병대장을 지낸 근시재 김해 두 분이다. 그 외에 김효로의 증손자이자 설월당 김부륜의 아들인 계암 김령의 경우 안동댐 건설 시 계암의 14대 종손 김영탁이 안동시 용상동에 거처를 마련하면서 그곳으로 옮겨 불천위 제사不遷位祭祀를 모신다.

1. 부조위 향사

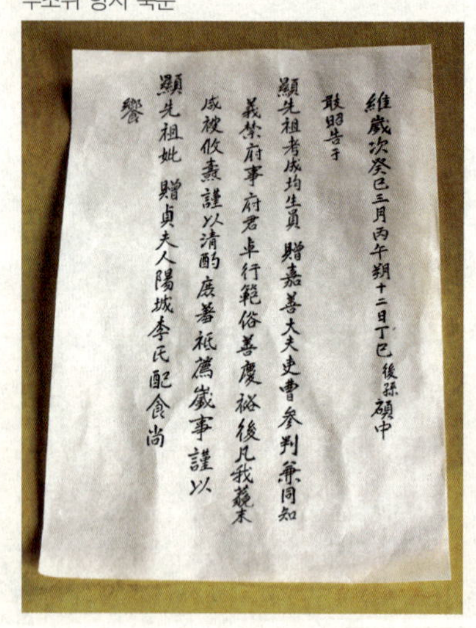
維歲次癸巳三月丙午朔十二日丁巳 後孫 碩中
敢昭告于
顯先祖考成均生員 贈嘉善大夫吏曹參判兼同知
義禁府事府君 卓行範俗 善慶裕後 凡我蕤末
咸被攸燾 謹以淸酌庶羞 祗薦歲事 謹以
顯先祖妣 贈貞夫人陽城李氏配食 尙
饗

부조위 향사 축문

후조당종가에는 시호를 받은 후조당 김부필의 부조위不祧位가 모셔져 있지 않다. 안동 유림의 공의公議에 의해야만 비로소 불천위不遷位로 모실 수 있기 때문이다. 앞에서 언급하였지만 후조당종가에는 농수 김효로와 근시재 김해 두 분을 부조위로 모신다. 원래 향사는 춘추 2회에 걸쳐 3월과 9월 중정일中丁日 자시子時

에 행했다. 그러다가 안동댐 건설로 인해 사당이 이건된 이후로는 문중이 합의하여 1997년부터 음력 3월 둘째 주 일요일 정오에 유림의 주관으로 모시기로 했으며, 일 년에 춘향春享 1회로 정하였다. 금년 행사는 음력 3월 12일(양력 4월 21일)에 거행되었다. 추향은 입향조 묘제로 대신하고 있다.

1) 향사의 절차

(1) 제사 준비

제사는 유사有司 2명이 종손과 협의하여 준비한다. 이 두 사람은 군자리의 부조위 향사와 녹전 능동의 입향조 묘제를 담당한다. 향사 하루 전에 안동장에 가서 제수祭需를 구입하며, 제상에 올릴 수 있도록 다듬어 준비한다.

(2) 집사분정

집사분정은 제관들이 의논해서 각자가 해야 할 일을 정하는 것이다. 향사를 위해 전국 각지에서 제관들이 모이면 먼저 종손에게 인사를 하고 시도록時到錄에 이름과 주소를 적는다. 후조당 종가의 경우는 이 시도록을 참고하여 향사 당일 오전 10시경 분

집사분정

정이 시작되었다.

향사의 초헌관은 김석중이, 아헌관은 김세중·김영창이, 종헌관은 김영윤·김재중이 담당하였다. 종헌관과 축관은 각각 2명을 선임하고 이하 찬자·진설·알자·찬인·봉향·봉로·봉작·전작·사준·시도를 담당할 사람을 정하여 예를 올렸다. 집사분정 결과 무려 52명이 소임을 맡게 되었다. 분정 이후 출주축, 참판부군축, 판서부군축을 쓴다.

(3) 진설

향사는 지금까지 해 오던 대로 후조당 대청에 자리를 깔고 병풍을 친 다음 두 개의 제상을 마련한다. 제관이 보았을 때 왼쪽에 참판공위參判公位를 모시고, 오른쪽에 판서공위判書公位를 모신

진설도

다. 제상 앞에는 향상香床, 향로香爐, 향합香盒을 놓고, 제상 뒤에는 신주를 모시기 위한 교의交椅를 놓는다.

미리 준비해 둔 제수를 제청으로 옮겨 온다. 진설은 고위考位와 비위妣位를 함께 모신다. 진설은 후조당에서 옛날부터 해 오던 대로 시행하는데, 대청 벽에 진설도陳設圖가 걸려 있다.

진설 방법은 제상 맨 앞줄 좌측에 식해食醢를 놓고 그다음 조·율·이·시·과·과·과·조과造菓·포脯를 놓는다. 둘째 줄에는 각종 채소와 육회肉膾·침채沈菜·청장淸醬·자반炙飯을 둔다. 셋째 줄에는 탕류湯類를 두는데, 왼쪽부터 계鷄·육肉·어

魚 · 북어北魚 · 혈血 · 소蔬의 순서로 올렸다. 넷째 줄에는 좌우에 각각 시저기匙箸器와 면麵을 두고, 다섯째 줄에는 좌우에 각각 촉燭 · 편자 · 편청을 놓으며, 중앙 부분에는 큰 그릇에 도적을 마련한다. 맨 뒷줄에는 양쪽 끝에 편과 적을 두고 안쪽으로 밥과 국, 그리고 2개의 술잔(盞)을 놓는다.

(4) 출주

진설을 마치면 헌관과 축관이 앞에 서고 나머지 참제관들은 의관을 정제하여 제청 앞뜰에 도열해 선다. 헌관은 집사들을 대동하고 사당에 가서 출주의례를 행한다. 종손인 초헌관이 신위

출주

앞에 나아가 분향하면 축관이 출주고사를 읽는다.

출주고사出主告辭

後孫碩中今以春月有事于

顯先祖考妣 敢請 神主 出就廳事 恭伸奠獻

후손 석중은 오늘 춘월향사를 모셔 선조고비께 신주를 제청에 모시어 공경을 다해 받들어 올리기를 청하옵니다.

고사가 끝나면 사당에서 신주를 모시고 나와 제청의 교의 위에 모시고 개독開櫝한다.

신주

참판부군위參判府君位(농수 김효로)

<考位>

顯先祖考成均生員 贈嘉善大夫吏曹參判兼同知義禁府事府君神主

<妣位>

顯先祖妣 贈貞夫人陽城李氏神主

판서부군위判書府君位(근시재 김해)

<考位>

顯先祖考 贈資憲大夫吏曹判書兼知經筵義禁府事弘文館大提學藝文館大提學知春秋館成均館事成均館祭

酒行通仕郎藝文館檢閱兼春秋館記事官府君神主

<妣位>

顯先祖妣 贈貞夫人眞寶李氏神主

(5) 참신례 · 강신례

신주를 교의에 모시고 개독하면 참제자 전원이 참신 재배하는데 이를 통해 제관들은 비로소 조상신과 만나게 되는 것이다. 참신례에 이어 강신례가 행해진다. 초헌관인 종손이 통찬의 인도를 따라 관수세수盥水洗手하고 참판공신위 앞에 나아가 강신례를 한다. 강신례는 향을 집어 향로에 세 번 넣고, 집사로부터 받은 강신주를 모사에 붓는다. 분향은 하늘의 혼을 불러 조상신이 강림하도록 하는 것이고 모사에 술을 붓는 뇌주酹酒는 지하의 백魄을 부르는 것이니, 이 두 가지 행위는 혼백을 합치시키는 의미를 지닌다. 지방을 모시고 제사를 올릴 때는 강신이 먼저이지만, 신주를 모시고 지낼 때에는 참신례를 먼저 지내는 것을 원칙으로 삼고 있다.

향사 독축

(6) 초헌례

참신 강신례에 이어 초헌관이 신위께 첫 번째 잔을 올리는 것이 초헌례이다. 헌작의 순서는 참판공이 먼저이고 다음이 판서공이다. 주인은 통찬의 인도로 참판공 신위에 나아가 고위와 비위 순으로 헌작을 한다. 축문은 축관이 초헌관 왼편에 앉아서 읽는데, 그 내용은 다음과 같다.

維歲次癸巳三月丙午朔十一日丁巳後孫 碩中

敢昭告于

顯先祖考成均生員 贈嘉善大夫吏曹參判兼同知義禁府事府君

卓行範俗 善慶裕後 凡我藐末 咸被攸燾 謹以清酌庶羞 祗薦歲祀 謹以

顯先祖妣贈貞夫人陽城李氏配食 尙

饗

독축 이후에 초헌관이 일어나 재배한다. 초헌관은 다시 판서공 신위 앞에 나아가 헌작, 독축, 재배를 한다. 축관은 김순현이 맡았다.

維歲次癸巳三月丙午朔初九日丁巳 後孫碩中

敢昭告于

顯先祖考 贈資憲大夫吏曹判書兼知經筵義禁府事弘文館大提學藝文館大提學知春秋館成均館事成均館祭酒行通仕郎藝文館檢閱兼春秋館記事官府君 道聞於家忠難于國雲仍受賜 永世無極 謹以清酌庶羞 祗薦歲祀 謹以

顯先祖妣 贈貞夫人眞寶李氏配食 尙

饗

(7) 아헌례 · 종헌례

아헌례는 아헌관이 신위에 잔을 올리는 것으로, 축문 낭독은 없지만 절차는 초헌 때와 같다. 아헌관은 김세중 · 김영창 두 분이 각각 참판공과 판서공의 신위에 헌작하였다. 종헌례는 아헌례와 같은 절차로 진행되며, 김영윤 · 김재중 두 분이 함께 헌작하였다.

(8) 유식례

유식례는 신위에 모셔진 조상신께서 차려진 제수를 아홉 숟가락 정도 드실 시간을 부복해서 기다리는 절차를 말한다. 초헌관은 배위拜位에 나아가 메 뚜껑에 술을 받아 첨작하고 집사들은 삽시정저插匙整箸(숟가락을 밥에 꽂고 젓가락을 정돈함)한다. 초헌관이 재배하고 자리에 돌아간다. 그다음 병풍으로 제상을 가리고 전 제관은 부복한다. 이때 기다리는 것을 유식이라 한다. 일정 시간이 지난 후 축이 희흠噫歆하면 모두 일어나 병풍을 걷어 낸다. 그 다음에는 국을 내리고 물을 올린다. 숟가락으로 밥을 세 번 떠서 물에 말고 젓가락은 편 위에 올린다. 참제자 일동은 잠시 국궁하였다가 평신한다. 집사들은 수저를 내려 시접 위에 놓고 합반개 한 후 제관 모두가 사신 재배하고 예를 마친다.

초헌관은 신주에 도자를 씌우고 합독하여 사당으로 환안하며, 축문을 태우고 철상하여 음복한다. 음복은 헌관·축관만 독상으로 하고 나머지 제관들은 겸상을 하거나 큰 상에 함께 차린다. 음복을 하면서 경향 각지에서 모인 유림이나 일가 간에 그간의 정을 나누며 환담한다. 헤어지기 전 매우 중요한 의논은 이듬해 향사를 맡을 유사를 선임하는 것이며, 기타 문중의 여러 가지 일에 대하여도 폭넓은 대화를 한다. 다음 해에 만날 것을 약속하고 작별한다.

2) 후조당종가의 제의홀기祭儀笏記

앞에서 서술한 향사의 내용은 종가에서 오랜 세월 지켜온 전통으로 그 세부 절차는 홀기에 의해 진행된다. 안동지역 가문별 홀기 내용이 유사하지만 집집마다 약간의 특성이 있는 것 또한 흥미로운 일이라 하겠다. 그 내용을 소개하면 다음과 같다.

○ 質明詣祠堂: 질명에 사당에 나아간다.

主人詣香案前跪: 주인은 향안 앞에 나아가 꿇어앉으시오.

焚香: 분향하시오.

告辭: 출주고사出主告辭를 하시오.

○ 俯·伏·興·平身: 엎드렸다가 일어나 몸을 펴 바로 서시오.

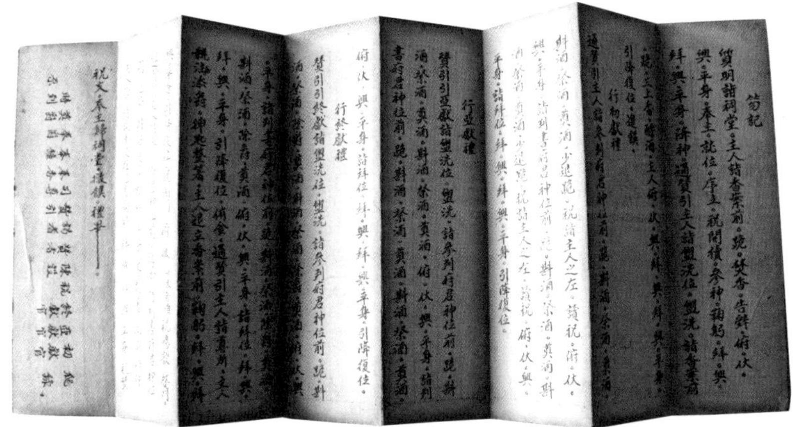

향사 홀기

奉主 · 設位: 주독主櫝을 받들어 설위하시오.

序立: 모두 줄지어 서시오.

祝 開櫝: 축관은 개독하시오.

행참신례行參神禮

鞠躬 · 拜 · 興 · 拜 · 興 · 平身: 국궁하였다가 두 번 절하고 몸을 펴 바로 서시오.

通贊引主人詣盥水位 · 盥水: 통찬은 주인을 인도하여 관수위에 나아가게 하여 손을 씻게 하시오.

詣香案前跪: (주인은) 향안 앞에 나아가 꿇어앉으시오.

三上香: 향을 세 번 올리시오.

酹酒: 술을 모사에 부으시오.

主人 俯·伏·興·拜·興·拜·興·平身: 주인은 엎드렸다가 일어나 두 번 절하고 몸을 펴 바로 서시오.

引降復位: (통찬은 주인을) 인도하여 자리로 돌아가시오.

進饌: 제수를 올리시오.

행초헌례行初獻禮

通贊引主人詣參判府君神位前: 통찬은 주인을 인도하여 참판부군의 신위 앞에 나아가시오.

跪: (초헌관은) 꿇어앉으시오.

斟酒: 집사는 술을 따르시오.

祭酒: 술잔을 올리시오.

奠酒: 고위전考位前에 잔을 드리시오.

斟酒: 집사는 술을 따르시오.

祭酒: 술잔을 올리시오.

奠酒: 비위전妣位前에 잔을 드리시오.

小退跪: (초헌관은 꿇어앉은 채) 조금 물러나시오.

祝詣主人之左 讀祝: 축은 주인의 좌측으로 나아가 축을 읽으시오.

俯·伏·興·平身: (축은) 엎드렸다가 일어나 몸을 펴 바로 서시오.

詣判書府君神位前跪: 판서부군의 신위 앞에 나아가 꿇어앉으시오.

斟酒: 집사는 술을 따르시오.

祭酒: 제주하시오.

奠酒: 고위전에 잔을 드리시오.

斟酒: 집사는 술을 따르시오.

祭酒: 술잔을 올리시오.

奠酒: 비위전에 잔을 드리시오.

小退跪: (초헌관은 꿇어앉은 채) 조금 물러나시오.

祝詣主人之左 讀祝: 축은 주인의 좌측으로 나아가 축을 읽으시오.

俯·伏·興·平身: (축은) 엎드렸다가 일어나 몸을 펴 바로 서시오.

詣拜位 拜·興·拜·興·平身: (초헌관은) 배위에 나아가 두 번 절하고 몸을 펴 바로 서시오.

引降復位: (통찬은 주인을) 인도하여 자리로 돌아가시오.

행아헌례行亞獻禮

贊引引亞獻官詣盥洗位·盥洗: 찬인은 아헌관을 인도하여 관세위에 나아가 손을 씻게 하시오.

詣參判府君神位前跪: 참판부군의 신위 앞에 나아가 꿇어앉으시오.

斟酒: 집사는 술을 따르시오.

祭酒: 술잔을 올리시오.

奠酒: 고위전에 잔을 드리시오.

斟酒: 집사는 술을 따르시오.

祭酒: 술잔을 올리시오.

奠酒: 비위전에 잔을 드리시오.

俯 · 伏 · 興 · 平身: 엎드렸다가 일어나 몸을 펴 바로 서시오.

詣判書府君神位前跪: 판서부군의 신위 앞에 나아가 꿇어앉으시오.

斟酒: 집사는 술을 따르시오.

祭酒: 술잔을 올리시오.

奠酒: 고위전에 잔을 드리시오.

斟酒: 집사는 술을 따르시오.

祭酒: 술잔을 올리시오.

奠酒: 비위전에 잔을 드리시오.

俯 · 伏 · 興 · 平身: 엎드렸다가 일어나 몸을 펴 바로 서시오.

詣拜位 拜 · 興 · 拜 · 興 · 平身: (아헌관은) 배위에 나아가 두 번 절하고 몸을 펴 바로 서시오.

引降復位: (찬인은 아헌관을 인도하여) 자리로 돌아가시오.

행종헌례行終獻禮

贊引引終獻官詣盥洗位 · 盥洗: 찬인은 종헌관을 인도하여 관세위에 나아가 손을 씻게 하시오.

詣參判府君神位前跪: 참판부군의 신위 앞에 나아가 꿇어앉으시오.

斟酒: 집사는 술을 따르시오.

祭酒: 술잔을 올리시오.

除爵: 퇴줏그릇에 술을 조금씩 세 번 더시오.

奠酒: 고위전에 잔을 드리시오.

斟酒: 집사는 술을 따르시오.

祭酒: 술잔을 올리시오.

除爵: 퇴줏그릇에 술을 조금씩 세 번 더시오.

奠酒: 비위전에 잔을 드리시오.

俯·伏·興·平身: 엎드렸다가 일어나 몸을 펴 바로 서시오.

詣判書府君神位前跪: 판서부군의 신위 앞에 나아가 꿇어앉으시오.

斟酒: 집사는 술을 따르시오.

祭酒: 술잔을 올리시오.

奠酒: 고위전에 잔을 드리시오.

斟酒: 집사는 술을 따르시오.

祭酒: 술잔을 올리시오.

除爵: 퇴줏그릇에 술을 조금씩 세 번 더시오.

奠酒: 비위전에 잔을 드리시오.

俯·伏·興·平身: 엎드렸다가 일어나 몸을 펴 바로 서시오.

詣拜位 拜·興·拜·興·平身: (종헌관은) 배위에 나아가 두 번 절하고 몸을 펴 바로 서시오.

引降復位: (찬인은 아헌관을 인도하여) 자리로 돌아가시오.

유식侑食

通贊引主人詣尊所: 통찬은 주인을 인도하여 준소에 나아가시오.

主人執注添酌: 주인은 주전자를 들고 첨작하시오.

插匙整箸: 숟가락을 메에 꽂고 젓가락을 가지런히 하시오.

主人退立香案前: 주인은 물러나 향안 앞에 서시오.

鞠躬 拜·興·拜·興·平身: (초헌관은) 국궁하였다가 두 번 절하고 몸을 펴 바로 서시오.

引降復位: (통찬은 주인을) 인도하여 자리로 돌아가시오.

祝闔門: 축은 문을 닫으시오.

俯伏小休食頃: 잠시 동안(대략 아홉 숟가락 드실 시간) 부복하시오.

祝噫歆: 축은 희흠하시오.

啓門: 문을 여시오.(병풍이나 천으로 가린 경우 그것을 걷어 냄)

通贊引主人詣參判府君神位前: 통찬은 주인을 인도하여 참판부군신위 앞에 나아가시오.

進茶: 차(숙수)를 올리시오.

〈갱기羹器에 물을 올리고 세 번 제반除飯(밥을 덜어 냄)한다.〉

詣判書府君神位前: 판서부군신위 앞에 나아가시오.

進茶: 차(숙수)를 올리시오.

〈갱기에 물을 올리고 세 번 제반한다.〉

引降復位: (통찬은 주인을) 인도하여 자리로 돌아가시오.

鞠躬: 국궁하시오.

平身: 바로 서시오.

落匙箸: 시저를 내리시오.

闔盖: 메 뚜껑을 덮으시오.

사신辭神

主人以下諸執事及諸位者鞠躬: 주인 이하 제 집사 및 제 위자는 국궁하시오.

拜·興·拜·興·平身: (구령에 맞추어) 두 번 절하고 몸을 펴 바로 서시오.

祝焚祝文: 축은 축문을 태우시오.

奉主歸祠堂: 주독을 받들고 사당으로 돌아가시오.

撤饌: 진설한 제수를 모두 내리시오.

禮畢: 예를 모두 마칩니다.

철상 후 음복례로 초헌관부터 제례의 순서대로 좌정하여 복주福酒하고 음복 후 제사준비 경과를 보고한다. 이어서 종손이 종중 제현께 인사의 예를 행한다. 제후 공사工事를 논의하고 복반福飯(점심식사)을 마친 다음 환담을 나누고 해산한다.

2. 입향조 묘제

2012년 11월 18일(음력 10월 5일) 거행된 묘제는 광산김씨 예안파 입향시조인 김효로의 묘소에서 진행되었다. 묘소는 군자리 문화재단지에서 안동시내 방향으로 가다가 길 우측에 '충렬공 김방경 묘소' 라는 안내 표지판이 붙은 쪽으로 우회전해서 8킬로미터쯤 들어간 지점인 녹전면 죽송동(능골)에 있다.

전해 오는 이야기에 따르면 1534년(중종 29) 김효로의 장례를 위해 문중 땅이던 이곳에 묘지 터를 잡고 땅을 파던 중 놀랍게도 김방경의 묘지석이 출토되었다. 광산김씨 문중에서는 지석이 나온 곳에 묘소를 쓸 수 없기 때문에 그 위치에서 조금 위로 터를 잡아 광중을 하고 안장하였다. 뒤에 증정부인贈貞夫人 양성이씨陽

농수 김효로와 증정부인 양성이씨 묘소

城李氏의 묘소를 조성하면서 쌍분으로 되었다.

김방경 장군은 안동김씨 중시조로서 고려시대 말기 삼별초의 난을 평정하는 등 공적이 현저한 인물이다. 그러나 오랜 기간 원나라의 지배와 왕조교체 등을 겪으면서 혼란기에 실묘한 것으로 보인다. 잊고 있던 조상의 지석이 나왔기 때문에 후손들로서는 너무나 놀랍고 기쁜 소식이었을 것이다. 조상의 묘소를 찾았으니 문중이 협의하여 묘소를 다시 조성하고 석물을 갖추어 단장한 것은 당연한 도리였다. 이후 매년 묘제를 올리는데, 이때는 묘

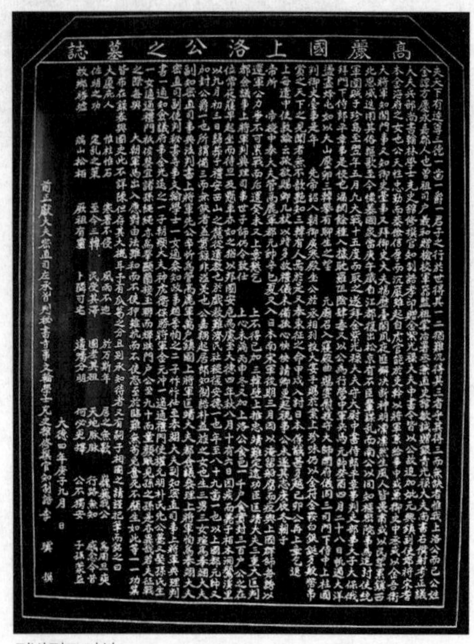

高麗國上洛公之墓誌

김방경묘지석

소를 찾아준 광산김씨 문중에 대한 고마움의 표시로 김효로 묘소에도 제향을 올린다. 약 500년 동안 행해 온 관례가 지금까지도 이어지고 있다. 물론 광산김씨 문중에서도 매년 묘제 시 김방경 묘소에 제향을 올리는데, 이것은 양 문중의 세의世誼를 두텁게 하는 미덕으로 여겨진다. 꼭 500년이 되는 2034년에는 양 가문이 성대한 행사를 개최하는 것도 의미가 있을 것이라 생각된다.

김방경 장군의 지석은 문중의 문화재지정 신청에 따라 경상북도의 문화재지정 심의절차를 거쳐 2010년 4월 5일 경상북도 유형문화재 제421호 '김방경묘지석金方慶墓誌石'으로 지정되었으며, 가장 근거리에 있는 전문기관을 택하여 한국국학진흥원에 위탁보관하고 있다.

일반적으로 묘제는 가을걷이가 어느 정도 마무리되는 음력

10월 중 날을 잡아 지내는 것이 보통이다. 묘제는 대수에 구애받지 않고 지내기 때문에 여러 곳에 산재한 묘소를 찾아 제를 올리다 보면 한 달 정도가 걸리기도 한다.

광산김씨 예안파의 경우 매년 음력 10월 1일에 묘제를 해 왔으나, 시대변화에 따라 많은 종중의 후손들이 외지에서 직장생활을 하거나 자식을 따라 출향한 사례가 많기 때문에 참제參祭가 용이한 날을 잡다 보니 지금은 음력 10월 첫째 일요일에 지내고 있다. 2012년에는 11월 18일(음력 10월 5일)에 묘제가 거행되었다. 전국에서 100여 명의 후손들이 한자리에 모여 간단한 인사를 나눈 뒤, 10시경에 제청에 둘러 앉아 분정을 시작하였다. 각자의 분임을 맡아 묘전에 모여 서립한 후 재석의 집례로 참신례와 초헌례의 순서로 진행되었다. 초헌관은 후조당 종손인 석중碩中, 아헌관은 탁청정 종손 세중世中, 종헌관은 야일재 후손 존구, 독축은 설월당 후손 순현, 산신제 제관은 용창, 축관은 희대 종원이 각각 맡았다. 묘제를 마친 후 음복례가 있었다. 좌정의 순서는 초헌관－아헌관－종헌관－축관－집례의 순으로 하고, 그 다음에는 항렬行列과 연치年齒의 순서로 앉았다. 음복례를 마치고 제수 준비 경과를 보고한 다음 중식과 환담을 나눈 뒤 해산하였다.

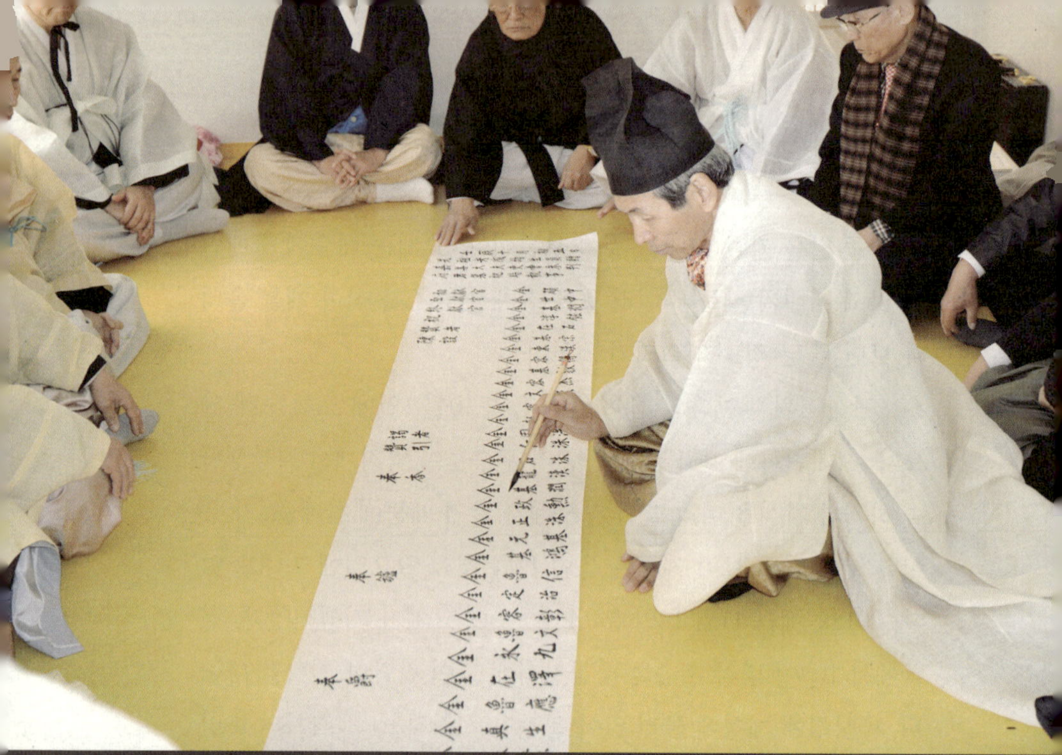

묘사 집사분정

묘사 진설

1) 축문

(1) 묘제축문

維歲次壬辰十月己卯朔初五日癸未十九代孫碩中

유세차임진시월기묘삭초오일계미십구대손석중

敢昭告于

감소고우

顯十九代祖考成均生員 贈嘉善大夫吏曹參判兼同知義禁府事府君

현십구대조고성균생원 증가선대부이조참판겸동지의금부사부군

묘사 독축

顯十九代祖妣 贈貞夫人陽城李氏之墓 氣序流易 霜露旣降 瞻掃

현십구대조비 증정부인양성이씨지묘 기서유역 상로기강 첨소

封塋 不勝感慕 謹以淸酌庶羞 祗薦歲事 尙

봉영 불승감모 근이청작서수 지천세사 상

饗

향

(2) 산신제 축문

維歲次壬辰十月己卯朔初五日癸未 幼學光山金○○

유세차임진시월기묘삭초오일계미 유학광산김○○

敢昭告于

감소고우

土地之神 碩中恭修歲事于十九代祖考成均生員 贈嘉善大夫

토지지신 석중공수세사우십구대조고성균생원 증가선대부

吏曹參判兼同知義禁府事府君

이조참판겸동지의금부사부군

十九代祖妣 贈貞夫人陽城李氏之墓惟時保佑實賴

십구대조비 증정부인양성이씨지묘유시보우실뢰

神休 謹以淸酌脯醯 祗薦于 神尙

신휴 근이청작포해 지천우 신상

산신제 독축

饗

향

2) 제의홀기祭儀笏記

主人以下皆序立: 주인 이하 모두 줄지어 서시오.

참신參神

鞠躬 · 拜 · 興 · 拜 · 興 · 平身: 국궁하였다가 두 번 절하고 몸

묘사 집례

을 펴 바로 서시오.

通贊引主人詣盥水位 盥水: 통찬은 주인을 인도하여 관수위에 나아가게 하여 손을 씻게 하시오.

詣香案前跪: (주인은) 향안 앞에 나아가 꿇어앉으시오.

三上香: 향을 세 번 올리시오.

斟酒: 집사는 술을 따르시오.

酹酒: 술을 모사에 부으시오.

小退再拜: 주인은 조금 물러나 두 번 절하시오.

引降復位: (통찬은 주인을) 인도하여 자리로 돌아가시오.

進饌: 제수를 올리시오.

행초헌례行初獻禮

通贊引初獻官詣香案前跪: 통찬은 초헌관을 인도하여 향안 앞에 나아가 꿇어앉으시오.

斟酒: 집사는 술을 따르시오.

祭酒: 술잔을 올리시오.

奠酒: (고위전에) 잔을 드리시오.

斟酒: 집사는 술을 따르시오.

祭酒: 술잔을 올리시오.

奠酒: (비위전에) 잔을 드리시오.

祝詣主人之左 讀祝: 축은 주인의 좌측으로 나아가 축을 읽으시오.

興・拜・興・拜・興・平身: 초헌관은 일어나 두 번 절하고 일어나시오.

引降復位: (통찬은 주인을) 인도하여 자리로 돌아가시오.

행아헌례行亞獻禮

贊引引亞獻官詣盥洗位 盥洗: 찬인은 아헌관을 인도하여 관세위에 나아가 손을 씻게 하시오.

詣香案前跪: 향안 앞에 나아가 꿇어앉으시오.

斟酒: 집사는 술을 따르시오.

祭酒: 술잔을 올리시오.

奠酒: 고위전에 잔을 드리시오.

斟酒: 집사는 술을 따르시오.

祭酒: 술잔을 올리시오.

奠酒: 비위전에 잔을 드리시오.

興 · 拜 · 興 · 拜 · 興 · 平身: (아헌관은) 일어나 두 번 절하고 일어나시오.

引降復位: (찬인은 아헌관을 인도하여) 자리로 돌아가시오.

행종헌례行終獻禮

贊引引終獻官詣盥洗位 盥洗: 찬인은 종헌관을 인도하여 관세위에 나아가 손을 씻게 하시오.

詣香案前跪: 향안전 앞에 나아가 꿇어앉으시오.

斟酒: 집사는 술을 따르시오.

祭酒: 술잔을 올리시오.

奠酒: 고위전에 잔을 드리시오.

斟酒: 집사는 술을 따르시오.

祭酒: 술잔을 올리시오.

奠酒: 비위전에 잔을 드리시오.

興 · 拜 · 興 · 拜 · 興 · 平身: (종헌관은) 일어나 두 번 절하고 일어나시오.

引降復位: (찬인은 아헌관을 인도하여) 자리로 돌아가시오.

插匙整箸: 숫가락을 메에 꽂고, 젓가락을 가지런히 하시오.

諸位皆俯伏: 제위는 모두 부복하시오.

祝噫歆: 축은 희흠(문을 열 때 기침 세 번 하는 행위)하시오.

平身: 바로 서시오.

進茶: 차(숙수)를 올리시오.

〈갱기羹器에 물을 올리고 세 번 제반除飯한다.〉

鞠躬: 국궁하시오.

平身: 바로 서시오.

落匙箸: 시저를 내리시오.

闔盖: 메 뚜껑을 덮으시오.

사신辭神

拜 · 興 · 拜 · 興 · 平身: 두 번 절하고 몸을 펴 바로 서시오.

撤饌: 철찬하시오(진설한 제수를 모두 내리시오).

禮畢: 예를 모두 마칩니다.

3. 후조당의 세전世傳 음식

1) 제례 음식

(1) 부조위 향사 음식

2013년 부조위 제사는 음력 3월 두 번째 일요일인 양력 4월 21일 정오에 지냈다. 원래는 봄과 가을 두 차례 향사를 올리는데, 집안에서 의논하여 1977년부터는 봄에 한 번만 지내기로 했다. 부조위로 모시는 선조는 앞에서 구체적으로 서술한 바와 같이 입향조인 참판공 김효로 내외와 판서공 근시재 김해 내외이다.

향사 제수

제수 준비

• 제수 비용

지금까지 제수 비용은 대대로 전해 온 위토의 소출로 충당하고 있다. 위토의 규모는 4천 평인데, 여기서 받는 곡수 즉 토지임대료는 매년 약 200만 원 정도이다. 이 돈으로 제수를 마련한다.

• 제물 준비 및 담기

• 반

반飯은 밥으로, 제사 시에는 우리 옛말인 '메'라고 한다. 짓는 방법은 평상시와 같이 한다. 다만 제상에 올리기 위한 음식이므로 정성을 들인다.

• 갱

갱羹은 국을 말한다. 제수에 흔히 쓰이는 재료는 콩나물, 고사리나물, 무나물이다. 국을 끓이는 방법을 보면, 먼저 고사리를 삶아 찬물에 담갔다가 건져 내어 물기를 뺀 다음 콩가루를 묻혀 둔다. 콩나물은 머리 부분의 콩껍질을 벗겨 내고 둔다. 무는 가늘게 채를 썬다. 세 가지 재료를 한꺼번에 넣고 알맞게 물을 부어 간장으로 간을 맞춘 다음 한소끔 끓여 낸다.

• 편

편은 여러 가지가 있는데, 시루떡을 본편이라 한다. 그리고 본편 위에 얹기 위해 만드는 것으로 웃기떡이 있으며, 백편 · 경단 · 부편 · 깨구리 · 잡과편 · 전 · 조약 등이 있다. 이 집안에서는 전통적으로 웃기떡을 일곱 가지, 많게는 아홉 가지를 만들었으나 최근에 와서는 다섯 가지로 하고 있다.

2013년 향사에는 시루떡을 열한 켜 쌓고 그 위에 백편 · 경단 · 부편 · 전 · 조약을 각각 한 켜씩 올렸다. 원래는 모든 음식을 집에서 다 만들었지만, 근래에 와서 시루떡은 방앗간에서 해와서 집에서 웃기떡을 만들었고, 10여 년 전부터는 모든 편을 방앗간에다 맡기고 집에서는 편을 괴는 일만 하고 있다.

• 면

면麵은 제사에 빠질 수 없는 음식이다. 면은 밀가루와 콩가루를 반반 섞어 소금물로 반죽을 한다. 반죽에 찰기가 있도록 여러 번 치대서 안반 위에 올려놓고 홍두깨로 얇게 민다. 이것을 썰기 좋게 접어 폭이 1센티미터 정도 되도록 썬다. 그다음 향사 당일 아침에 삶아서 건져 그릇에 담고 고명을 올린다. 고명은 계란의 흰자와 노른자를 분리해서 지단을 부치고, 이것도 폭 1센티미터로 길쭉하게 잘라 국수 위에 얹어 마무리한다.

• 적

적의 종류는 어적 · 육적 · 계적 등이 있는데, 적대에 쌓는 순서는 아래로부터 인鱗-모毛-우羽, 즉 비늘 있는 물고기, 털 있는 짐승, 깃털 있는 날짐승 순으로 한다. 이 순서는 아마 물에 사는 물고기를 제일 낮은 곳에, 이어 땅에 사는 털 달린 짐승을 그 위에, 그리고 날개가 달린 새를 그 위에 놓게 된 것이 아닐까 한다. 비늘이 있는 어물로는 북어 · 방어 · 상어 · 가오리 · 청어 · 문어 등이 쓰이고, 그다음에 쇠고기, 그 위에 날개 달린 닭을 얹는다.

2013년에는 북어(5마리), 조기(2마리), 상어(11꼬치), 방어(3꼬치), 쇠고기(3꼬치), 닭(1마리)을 올렸다. 이러한 도적의 구성은 사정에 따라 적절하게 조정하기도 한다.

• 편적

후조당종가에서는 메밀묵을 편적으로 쓴다. 전에는 직접 만들었으나 근래에 와서는 시장에서 사서 사용한다. 묵의 크기는 가로 세로 각각 13센티미터 정도로 하고, 묵에 4~5회 칼집을 내서 쓴다.

• 6탕

여섯 가지 탕을 말하는데, 계탕鷄湯 · 육탕肉湯 · 어탕魚湯 · 창자탕脹子湯 · 혈탕血湯 · 소탕素湯이다. 계탕은 닭고기로, 육탕은 쇠고기로, 어탕은 방어로, 창자탕은 소의 내장으로, 혈탕은 소의 피(선지)로, 소탕은 메밀묵으로 한다. 경우에 따라서는 창자탕은 북어탕으로, 혈탕은 소의 간으로 대체하기도 한다.

※ 혈탕은 부조위로 모시는 어른이 '혈식군자血食君子'라는 뜻에서 6탕의 하나로 넣는다.
※ 소탕은 다른 5탕이 비위에 맞지 않을 때 대신 드시라는 뜻이 담겨 있다.

• 청채

청채靑菜는 푸른색 채소라는 뜻으로 배추나 시금치를 쓰는데, 이것을 뜨거운 물에 살짝 데쳐서 쓴다.

• 간채

간채幹菜는 줄기를 쓰는 것으로, 토란 줄기를 말려 두었다가 뜨거운 물에 불려서 쓴다.

• 근채

근채根菜는 뿌리를 쓰는 것인데, 도라지나 무를 사용한다. 무는 가로 5센티미터, 세로 13센티미터로, 얇게 썰어서 쓴다.

• 육회

육회肉膾는 간을 날것으로 쓴다.

• 회쌈

회쌈은 소의 천엽을 익히지 않고 적당한 크기로 썰어서 쓴다.

• 침채

침채沈菜는 김치의 옛말로 물김치를 쓰는데, 무를 네모나게 작은 크기로 썰어서 물을 붓고 소금으로 적당하게 간을 하여 하루를 두었다가 쓴다.

• 청장

청장清醬은 집에서 메주를 쑤어 된장을 만들 때 그 물을 달여서 만든 간장이다.

• 좌반

좌반佐飯은 밥을 먹을 때 도와주는 것을 의미하는 반찬이다. 보통 조기 한 마리와 쇠고기 꼬치 한 개를 겹쳐 두고 사용한다. 경우에 따라서는 상어 꼬치와 쇠고기 꼬치를 한 개씩 얹어 사용하기도 한다.

• 식혜

식혜食醯는 감주를 말하는데, 물을 석게 부어 쌀알이 딘딘할 정도로 해서 지은 밥을 식혀 두었다가, 여기에 엿기름가루를 푼 물을 건더기가 들어가지 않게 윗부분만 붓고 하루 동안 삭힌 뒤 뜨겁게 끓여 밥알만 건져서 쓴다. 해안지방에서 고기와 좁쌀을 이용해 삭혀 먹는 식해食醢와는 전혀 다르다.

• 대추

대추는 품질 좋은 것을 골라 검은빛이 돌 때까지 쪄서 물엿을 넣고 고루 묻힌 다음, 여기에 껍질을 벗긴 참깨를 뿌려서 제기에 둥근 모양으로 보기 좋게 일곱 겹으로 쌓는다. 대추 쌓은 모양이 일그러지지 않게 하기 위해 한 층마다 면지를 넣어 층이 고르게 유지되도록 한다.

• 밤

밤은 속껍질까지 벗겨 아래위를 평평하게 해서 맨 가운데가 튀어 나오도록 각을 세워 깎고, 물에 담가 두었다가 제기에 일곱 겹으로 괸다.

• 배

배는 윗부분만 살짝 도려내고 쓰는데, 네 개씩 세 켜로 쌓는다. 원래는 껍질을 모두 깎아서 썼으나 지금은 조금만 깎아서 쓴다. 다 깎으면 색이 변해서 젊은 사람들이 먹기를 꺼리기 때문이다.

• 감

감은 껍질을 깎지 않고 네 개씩 네 켜로 쌓는다. 배보다 작기 때문에 높이를 맞추기 위한 것으로 보인다.

• 조과

조과造菓의 재료는 검은깨, 쌀 미숫가루, 송화 등을 쓴다. 검은깨는 볶아서 빻아 가루로 만든다. 여기에 더운 김을 쐬고 조청을 섞어 되직한 반죽으로 만든 뒤 다식판에 넣어 찍어 낸다. 쌀은 물에 담가 불린 다음, 건져서 볶다가 김을 쐬어 준다. 이것을 빻아 가루로 만들고 여기에 조청을 섞어 반죽한 다음 다식판에 넣고 찍어 낸다. 이것들을 제기에 나선형으로 예쁘게 쌓아 올려 완성한다. 송홧가루는 귀한 재료이기 때문에 구할 수 있을 경우 같은 방법으로 다식을 만들어 쓴다.

• 포

대구포와 육포를 쓰는데, 육포는 대구포 위에 가로 세로 5센티미터 크기로 잘라 얹는다.

• 술

제주祭酒로는 보통 청주를 사다 쓴다.

(2) 묘제 음식

2012년 묘제는 음력 10월 5일(양력 11월 18일)에 모셨다. 묘소는 안동시 녹전면 죽송동에 있는데, 날이 맑으면 묘전에서 봉행하고 날이 궂으면 묘하 재실에서 지낸다. 2012년에는 다행히 날이 좋아 묘의 상석에 제수를 진설하고 모든 절차를 진행하였다. 묘제는 추향을 대신하는 것이기 때문에 봄에 지내는 향사 시에 쓰는 조과 등 한두 가지가 줄지만 나머지는 거의 같다.

(3) 기제 음식

4대봉사를 하며, 향사 음식을 간소화한 형태로 지낸다. 편은 본편은 하지 않고 절편 · 인절미 · 증편만 하며, 봄에는 송편을 한다. 나머지는 실과를 갖추고 삼탕 · 적 · 포를 준비한다.

(4) 명일 음식

설에는 차사茶祀를 지낸다. 떡은 하지 않고, 준비하는 음식은 떡국 · 삼탕(소탕 · 육탕 · 어탕) · 도적 · 실과 · 족편 · 집산적(나물 · 소고기 · 무 · 배추 · 파 · 다시마 · 당근) · 다식(송화 · 깨 · 인삼〔미숫가루〕) · 식혜 · 술 · 안주류 등이다.

추석 명절은 시사時祀로 대신한다.

4. 설월당종가의 『수운잡방』

『수운잡방需雲雜方』 상편은 조선 중종 때 증호조참판贈戶曹參判 탁청정濯淸亭 김유金綏가, 하편은 문정공文貞公 계암溪巖 김령金坽이 식품가공에 관해서 저술한 책이다. 이 책은 저자 김유의 아들 설월당雪月堂 김부륜金富倫의 14대 종손인 김영탁金永倬이 소장하고 있다. 한국전쟁 때에는 집의 마루 밑에 땅을 파고 묻어 감추어 두었다고 한다. 상편이 저술된 시기는 『도문대작屠門大嚼』보다 약 70년 전이고, 정부인 안동장씨(張桂香)의 『규곤시의방閨壼是義方』(음식디미방)보다는 약 110년 전이다.

『수운잡방』의 본문은 상편과 하편 체제로 나누어져 있다. 우선 필체로 볼 때 상편은 행서로, 하편은 초서로 쓰여 있고, 또 술에 사용한 누룩의 표현을 상편에서는 국麴 또는 곡麯으로, 하편에서는 곡麯 또는 곡曲으로 쓰고 있어, 필체뿐만 아니라 표현에서도 차이가 있다. 하편에도 고추를 사용한 예가 없는 것으로 보아 고추가 우리나라에서 사용되기 전에 쓰인 것으로 생각된다.

하편에는 계암선조유묵溪巖先祖遺墨이라고 쓰여 있는데, 하편이 저술된 시기는 『도문대작』과 동시대이고 『음식디미방』보다 약 50년 앞선 것으로 보인다. 『수운잡방』은 술 빚기, 김치, 장류, 식초류, 채소 저장하기(藏菜) 등 재료의 사용에서부터 조리, 가공법에 이르기까지의 내용들을 구체적이고 상세하게 적고 있어, 당시 안동을 중심으로 한 주변지역의 식생활 형태를 확실히 알 수 있고 우리나라 전체의 식생활을 추정할 수 있는 귀한 자료이다.

『수운잡방』에 '오천가법'이 등장하는 것으로 보아, 이것은 당시 안동지방에 널리 퍼진 조리방법을 추려서 쓴 독창적인 저서로 볼 수 있다. 따라서 이 책은 당시 반가의 격조 높은 조리 방법을 집대성한 조리서라 할 수 있다.

『수운잡방』의 음식들은 단순한 먹거리가 아니라 당시 반가의 중요한 덕목인 접빈接賓과 향음주례鄕飮酒禮, 즉 귀한 손님을 대접하거나 나이 많고 덕 있는 사람을 주빈으로 모시고 술을 마시며 잔치를 할 때 쓰던 음식이었기 때문에 한국의 음식문화라고 할 수 있다. 더불어 『수운잡방』은 식품조리사의 연결고리가 될 뿐만 아니라 국문학적으로도 귀중한 책이다. 이 책을 문화재로

『수운잡방』 표지

『수운잡방』 내용

지정할 때 전문가들의 평가는 이러했다.

> 안동 광산김씨 설월당종가에 소장되어 있으며, 조선 전기 안동 일대 양반가의 음식문화를 보여 주는 우리나라의 대표적 한문 필사본 조리서로서 총 24장으로 구성되어 있다. 상편(17장)은 행서로 쓰여 있으며 '탁청공유묵濯清公遺墨'이라 기재되어 있고, 하편(7장)은 초서로 작성되어 있으며 '계암선조유묵溪巖先祖遺墨'이라 적혀 있다. 탁청공 김유에 의해 집필이 시작된 후 그의 손자인 계암 김령에 의해 뒷부분이 보완되어 『수운잡방』이 완성되었을 것으로 추정된다. 상편에 86가지, 하편에 35가지 등 총 121가지의 음식조리와 가공법이 기록되어 있다. 『음식디미방』보다 연대가 앞서며, 재료의 사용에서 가공법에 이르기까지 구체적으로 상세히 기록하고 있어 안동을 중심으로 한 조선 전기 양반가의 식생활 모습을 정확하게 알려 주고 있다는 점에서 자료적 가치가 매우 크다. 하지만 24장으로 구성된 간략한 책으로서 서문과 발문이 없고 정확한 저술 동기와 연대를 파악하기 어렵다는 점이 아쉽다.

책에 실린 121가지 음식 중 주요 음식을 소개하면 다음과 같다.

1) 상편의 주요 음식

(1) 이화주梨花酒

이화주

멥쌀을 여러 번 씻어 곱게 가루를 낸다. 끓는 물을 넣어 익반죽을 한 다음 도넛 모양의 구멍떡을 만들어 끓는 물에 익혀 건진다. 구멍떡 삶은 물을 조금씩 부어 가며 으깬 후 식힌다. 여기에 가루 낸 이화곡(누룩)을 넣고 버무려 항아리에 담고 한지를 덮어 작은 구멍을 내 놓으면 15일 정도 지나 완성된다. 맛이 달고 향기가 진하다. 냉수에 타서 마신다.

(2) 즙저汁菹

먼저 가지를 씻어 물기를 제거해 놓는다. 집간장과 밀기울, 천일염을 섞어서 장을 만든다. 항아리에 장을 깔고 가지를 얹어

즙저

켜켜이 담는다. 항아리 뚜껑을 덮고 진흙을 발라 단단히 봉한다. 말똥 속에 묻어 5일 후 익으면 내어서 쓴다.

수과저

(3) 수과저水瓜菹

8월에 오이를 따서 씻은 후 볕을 쪼여 말린다. 여기에 산초를 뿌려 독에 켜켜이 담는다. 천일염을 넣어 팔팔 끓인 물을 여기에 붓는다. 할미

꽃을 박초로 하여 눌러 둔다. 익을 때 거품이 괴어오르면 매일 정화수를 부어내린다. 이렇게 하면 국물은 맑기가 수정과 같고 맛이 매우 좋다.

치저

(4) 치저雉菹

꿩을 적당한 크기로 토막 낸다. 과저를 3센티미터 길이로 썰고, 세로로 2등분해서 물에 담가 소금기를 우려낸다. 꿩, 생강, 과저를 섞어 둔다. 집간장에 물을 타서 끓이다가 참기름 몇 방울을 떨어뜨린다. 모든 재료를 넣고, 씨를 발라낸 전초를 같이 넣어 끓인다. 안주로 해도 좋다.

(5) 납조저臘糟菹

동지 후 세 번째 술일戌日에 술지게미에 소금을 섞어 독에 담고, 뚜껑을 덮어 진흙으로 봉해 둔다. 여름에 오이나 가지를 씻어 물기를 제거한 다음 독에 있는 술지게미에 깊이 박아 두었다가

납조저　　　　　　　　　　　　　　　　　　　총침채(파김치)

맛이 들면 꺼내서 쓴다.

(6) 총침채葱沈菜

파김치이다. 파를 씻어 잔뿌리를 그대로 둔 채 겉껍질을 다듬어 독에 담는다. 독에 물을 가득 채워 2일에 한 번씩 물을 갈아준다. 여름이면 3일, 겨울이면 4~5일 정도 지난 뒤 매운 기가 없으면 다시 씻는다. 독에 파 한 층, 천일염 한 층 켜켜이 넣는다. 소금물을 만들어 독에 가득 채운다. 박초로 독아가리를 막고 돌로 눌러 두었다가 익으면 먹는다. 먹을 때는 잔뿌리를 다듬어 낸다.

토읍침채(동치미)　　동과정과(동아정과)

(7) 토읍침채土邑沈菜

동치미이다. 정월이나 2월에 무를 깨끗이 씻어 껍질을 벗긴다. 큼직하게 썰어 독에 담는다. 여기에 소금물을 끓여 부었다가 익으면 내다 쓴다.

(8) 동과정과東瓜正果

동아 껍질을 벗기고 1센티미터 두께로 썬다. 여기에 조갯가루를 섞어서 하룻밤을 재워 둔 다음 조갯가루를 씻어 낸다. 꿀을 넣고 졸이다가 꿀이 싱거워지면 그것을 덜어낸다. 동아가 투명해지면 후춧가루를 뿌려 항아리에 담는다. 이렇게 하면 오래 보

취포(두부) 타락

관할 수 있다.

(9) 취포取泡

두부이다. 콩과 녹두를 불려서 껍질을 제거한다. 곱게 갈아 자루에 넣고 찌꺼기가 없도록 거른다. 솥에 넣고 끓이다가 간수를 천천히 넣는다. 엉기면 보자기로 싸서 눌러 준다.

(10) 타락駝駱

우유를 40도 정도로 데워 항아리에 담는다. 생막걸리를 섞어 따뜻한 곳에 둔다. 나무꼬챙이로 찔러 누런 물이 솟아나오면

우조장법(또 다른 조장법)　　　　청근장

서늘한 곳에 둔다. 좋은 초를 조금 넣으면 더욱 좋다.

(11) 우조장법又造醬法

또 다른 장 만드는 법이다. 콩을 씻어 물을 붓고 삶는다. 물이 1/3이 될 때까지 졸인다. 여기에 집간장을 넣고 졸인다. 그 맛이 매우 달다.

(12) 청근장菁根醬

껍질을 벗겨 씻은 무를 푹 삶는다. 메줏가루에 천일염을 넣

산삼좌반(더덕좌반) 육면

어 찧어 둔다. 두 가지를 고루 섞어 독에 담는다.

(13) 산삼좌반山蔘佐飯

더덕좌반을 말한다. 더덕은 껍질을 벗기고 두들겨 손질한 후, 여러 번 물을 갈아 쓴맛을 없앤다. 손질한 더덕을 쪄서 익힌 다음 참기름, 집간장, 천일염 섞은 유장을 바른다. 도자기 그릇에 담고 하룻밤 재운다. 다음 날 햇볕에 말리고 후춧가루를 뿌려 다시 담아 두었다가 말린다. 구워서 먹는다.

(14) 육면肉麵

먼저 끓는 물에 쇠고기를 반쯤 익힌 다음 가늘게 썰어 밀가루를 묻힌다. 쇠고기를 데친 육수에 체에 내린 된장으로 간을 한다. 된장 간을 한 육수에 쇠고기를 넣고 끓인다.

2) 하편의 주요 음식

(1) 오정주五精酒

밑술은 황정, 천문동, 송엽, 백출, 구기자(썬 것)에 물 60리터를 부어 20리터가 되도록 졸인다. 멥쌀을 씻어 곱게 가루를 내어 죽을 쑨다. 죽이 식으면 누룩과 밀가루를 함께 섞어 항아리에 담는다. 덧술은 3일 후, 멥쌀을 여러 번 씻어 하룻밤 물에 담갔다가 고두밥을 찐다. 고두밥이 식으면 밑술과 섞어 항아리에 넣는다. 익으면 퍼서 쓴다.

(2) 송엽주松葉酒

솔잎술이다. 솔잎에 물 60리터를 부어 20리터가 되도록 졸인 후 솔잎은 버린다. 멥쌀은 깨끗이 씻어 곱게 가루를 낸다. 솔

오정주

송엽주

전약법　　　　　　모점이법

잎 달인 물에 멥쌀가루를 넣고 죽을 쑨다. 차게 식으면 누룩을 섞어 항아리에 담아 두었다가 21일이 지나면 쓸 수 있다.

(3) 전약법煎藥法

먼저 대추, 통후추, 정향, 건강(말린 생강), 계피에 물을 붓고 푹 삶는다. 이것을 체에 내려 아교와 꿀을 넣고 졸인 다음 틀에 부어 굳힌다.

(4) 모점이법毛粘伊法

먼저 가지를 네 쪽으로 쪼개어 참기름을 두르고 지져 둔다.

서여탕법 전어탕법

마늘 다진 것에 집간장, 식초를 넣어 즙을 짜 둔다. 가지에 즙을 끼얹어 먹는다.

(5) 서여탕법薯蕷湯法

기름진 쇠고기를 밤톨 크기로 썰어 뜨거운 솥에 참기름을 두르고 볶는다. 여기에 엿물을 붓고 끓이다가 간을 하고, 껍질 벗긴 마를 소고기와 같은 크기로 만들어서 넣고 끓이다가 계란을 깨어 넣는다.

(6) 전어탕법煎魚湯法

뜨거운 솥에 참기름을 두르고 손질한 민물고기를 넣어 덖는다. 된장과 집간장에 물을 부어 장국물을 만든다. 장국물에 민물고기를 넣고 끓인다. 여기에 마를 잘게 썰어 넣고 계란을 풀어 끓여 먹는다.

전계아법

(7) 전계아법煎鷄兒法

영계를 먹기 좋은 크기로 손질하여 피를 깨끗이 씻어 낸다. 솥에 참기름을 두르고 손질한 닭고기를 볶는다. 여기에 청주, 식초, 물, 집간장을 넣어 졸이다가 다진 파, 후추, 형개, 천초가루를 쳐서 먹는다.

(8) 향과저香瓜菹

오이를 행주로 닦아 햇볕에 쪼인다. 양 끝을 다듬어 세 가닥으로 쪼개어 둔다. 생강채, 마늘채, 후추, 참기름, 간장을 섞어 지

향과저　　　　　　　　　　　　　　분탕

져서 오이 쪼갠 것에 넣고 항아리에 담는다. 집간장에 참기름을 섞어 졸인 후 뜨거울 때 항아리에 부어 다음 날 쓴다.

(9) 분탕粉湯

참기름에 흰 파 썬 것을 넣어 볶는다. 여기에 물과 집간장을 넣어 묽은 탕을 만든다. 황백 녹두묵을 국수처럼 썰고, 미나리와 도라지는 3센티미터 길이로 썰어서 녹두가루를 입혀 끓는 물에 데쳐 낸다. 쇠고기는 가늘게 채를 썰어 앞의 묽은 탕에 넣고 끓여서 녹두묵, 미나리, 도라지, 흰 파를 넣어 먹는다.

삼하탕 황탕

(10) 삼하탕三下湯

다진 쇠고기에 후추, 잘게 썬 흰 파, 체에 내린 된상을 섞어 직경 1센티미터 크기의 완자를 만들어서 참기름에 지진다. 표고를 다져 참기름, 집간장으로 양념해서 만두피에 넣고 새알같이 만들어 참기름에 지진다. 수제비도 참기름에 지진다. 체에 내린 된장을 물에 넣어 탕을 만든다. 재료를 탕에 부어 먹는다.

(11) 황탕黃湯

치자 우린 물로 황밥을 짓는다. 다진 쇠고기에 파, 후추, 천일염을 넣어 고루 섞어서 새알 같은 완자를 만든 다음 녹두가루

삼색어아탕 전곽법

를 묻혀 끓는 물에 익힌다. 껍질 벗긴 생강은 팥알 크기로 썬다. 집간장과 천일염으로 간을 하여 탕을 끓이고, 황밥과 쇠고기, 완자, 생강, 잣, 개암을 넣어 끓여서 먹는다.

(12) 삼색어아탕三色魚兒湯

은어나 숭어의 새끼는 비늘, 뼈, 껍질을 제거하고 포를 뜬다. 여기에 녹두가루를 입혀 끓는 물에 삶아서 건져 내고, 이것을 다져서 녹두가루, 흰 파, 호향, 된장, 후추를 넣어 새알 같은 완자를 만든다. 대하는 껍질을 벗겨 두 쪽으로 편을 뜬다. 삼색으로 만든 녹두묵은 길이 4센티미터 막대모양으로 썬다. 은어를 삶아 건진 물에 집간장으로 간을 하여 탕을 만든다. 완자, 대하, 녹두묵에 탕을 부어 먹는다.

(13) 전곽법煎藿法

다시마를 젖은 행주로 깨끗이 닦아 잘라 둔다. 잣을 곱게 다져 식초에 섞어 둔다. 다시마에 잣을 발라 구워 먹는다.

(14) 다식법茶食法

다식법

밀가루, 꿀, 참기름, 청주를 고루 섞어 체에 내리고, 반죽하여 덩어리로 만든다. 작은 덩어리들로 떼어 내어 다식 틀에 찍어 낸다. 굽다가 노릇하게 익으면 꺼내 먹는다.

5. 제례의 계승과 변용

후조당 제례 음식 준비에 대해서 이희교, 권중조, 김동한은 "과거에는 편을 만들 때 다섯 말 정도의 엄청난 규모였고, 적을 만들 때는 소를 한 마리 잡아서 썼다"라고 하였다. 이들의 말로 보아 후조당의 제례는 제관의 숫자나 제수의 양이 지금과는 비교가 안 될 정도였음을 짐작할 수 있다. 시대 흐름에 따른 변화의 모습을 정리해 보기로 하겠다.

1) 제례의 일시 조정

① 향사는 문중의 제사가 아닌 지방유림의 제사이므로 경향

의 유림이 제관으로 참석한다. 매년 음력 3월과 9월 중정中丁에 모여 다음 날 자시子時에 향사를 모셔 왔으나, 1997년부터는 음력 3월 두 번째 일요일 정오에 향사를 지내고 9월 향사는 입향조 묘제로 대신한다.

② 묘제는 매년 양력 11월 6일에 지내다가 근래에 와서는 매년 양력 10월 마지막 일요일로 변경하였다. 이는 직장 다니는 후손이 참석하도록 하기 위한 조치이다.

③ 기제는 원래 4대봉사를 하며 고위考位(돌아가신 부·조·증조·고조)나 비위妣位(돌아가신 모·조모·증조모·고조모)의 기일에 모셨으나, 30여 년 전부터는 고위의 기일에 비위를 합사合祀하고 있다. 현 노종부의 시부모님께서 안동댐 건설로 인한 종가 이건 등 여건이 어려울 때 그렇게 하도록 했다고 한다. 후손들을 위한 배려였다. 다른 문중에서 말들이 나왔으나, 근래에는 다른 집에서도 이렇게 하는 사례가 많다. 제사 올리는 시간도 초저녁으로 바꾸었다. 후손들이 다음 날 직장에 나가야 하는 것을 고려한 것이다.

④ 차사는 매년 추석과 설 두 차례에 행하는데, 근래에는 추석 때의 차사는 시사를 지내는 것으로 대신한다.

2) 제수의 변천

① 제수祭需 준비는 30여 년 전까지는 재실에 딸린 토지를 소

작인이 경작해서 제수를 준비하게 했다. 그러나 1975년 안동댐 건설로 소작인이 나가고 문중 후손이 20여 년간 그 역할을 해 왔는데, 14년 전쯤 별세한 뒤로는 김방경 장군의 후손 한 사람이 들어와 광산김씨와 안동김씨 토지를 경작하면서 재사齋舍만 관리하고 묘제를 지내 주지는 않는다.

② 향사 진설 시 예전에는 과일과 나물만 먼저 차리고 나머지 제수는 강신례 후 모두 차렸는데, 지금은 시작할 때 한꺼번에 차린다.

③ 향사나 묘제 시 모든 제관에게 독상을 차렸으나, 근래에 와서는 초헌 · 아헌 · 종헌 · 축관 · 찬자만 독상이고 다른 제관들은 모두 겸상해서 먹는다.

④ 포는 본래 육포를 사용해 왔으나 지금은 쇠고기를 잘라서 사용한다.

⑤ 배는 껍질을 모두 깎아 사용했으나 색깔이 변하기 때문에 젊은 사람들이 먹지 않게 되자 지금은 윗부분만 잘라서 사용한다.

⑥ 편적은 보통 메밀묵을 쓰는데, 전에는 집에서 만들었지만 지금은 시장에서 사서 쓴다.

⑦ 편은 시루떡, 웃기떡으로 모두 집에서 만들었지만, 방앗간이 생기면서 한동안 시루떡은 방앗간에서 만들고 웃기떡만 집에서 만들었다. 그러다가 2000년 무렵부터 모든 떡을 방앗간에서 만들어 와서 편틀에 쌓는 일만 한다.

⑧ 제관의 자격은 과거에는 혼인한 사람으로 하였으나 지금은 그 제한이 별로 없다. 참석 제관은 해마다 조금씩 차이가 있지만, 최근에는 향사에 100여 명, 묘제에 80~100명 정도가 참여한다.

⑨ 제주祭酒로는 집에서 만든 가양주를 썼으나 지금은 청주를 사다가 쓴다.

⑩ 제수 음식으로 음복하고, 식당에서 국밥을 주문해서 사용하기도 한다.

이러한 제례의 일시와 제수 준비의 변용은 안동지역 여러 가문에서 흔하게 볼 수 있는 모습이다. 성인도 시대에 맞게 살아야 한다고 했던가? 예법의 변용은 어쩌면 불가피한 일인지도 모르겠다.

君子마을

제4장 칠군자의 정취가 남아 있는 건물들

1. 안동댐 건설과 집단이주 전말

필사본으로 후조당종가에 전해지는 『송석유고松石遺稿』 및 『실기實記』의 '오천연혁烏川沿革' 부분에는 안동댐 건설로 인한 수몰 위기와 현재의 군자리 문화재단지로 집단이건한 당시 상황이 구체적으로 기록되어 있다.

지금부터 40여 년 전인 1970년, 국책사업으로 안동댐이 건설되면서 500여 년을 세거해 오던 광산김씨 터전 오천이 수몰하게 되어 일족은 하루아침에 불행한 실향민이 되었다. 본래부터 오랫동안 오천에 집단으로 거주하던 문중 일가들이 인근 각처와 안동시내 등지로 뿔뿔이 흩어지고 구기舊基에 산재해 있던 조상들의 유적과 선영 모두가 한꺼번에 수몰의 운명에 처하였다.

군자마을 전경

이러한 상황에서 광산김씨 일족은 유적의 이건 및 보존 계획을 모색한 끝에 거족적으로 비장한 각오를 하고 향토재건운동을 활발하게 전개하였다. 여러 차례 문회를 열고 후보지를 물색하다가 제1차로 선택한 곳이 옛터에서 50리 거리에 있는 안동시 송현동이었다. 그러나 이곳이 여러모로 부적당하다는 판단 끝에 재차 선택한 곳이 옛터 서편 약 2킬로미터 거리에 있는 고지대의 문중 소유 산지인 안동시 와룡면 오천동 산28번지였다. 여기를 새로운 터전으로 확정하고 그 주변에 있던 타인 소유의 농지 몇 필을 매입 · 병합하여 약 오천 평을 개척한 다음 지금의 군자리 오천문화재단지를 조성하게 되었다.

당시만 해도 국가적인 보상이 매우 부족했고 문중에서 이건비를 마련하는 일도 힘들었다. 사업의 주요 내역을 보면 당시 상황이 얼마나 어려웠는지 짐작이 가고도 남는다.

- 대묘大廟, 후조당 정각亭閣, 탁청정종택 및 정자, 침락정枕洛亭, 주사廚舍 등은 국가 및 지방문화재로 지정을 받아 국비 보조에 의해 이건했다.
- 대종택 사랑채는 종가의 사력私力으로 이건했으나 정침 부분은 멸실되었다.
- 낙운정洛雲亭, 양정당養正堂, 설월당雪月堂은 각각 그 파派 내에서 신축 중건했다.
- 읍청정挹淸亭은 제천에 거주하고 있던 의성 금성면 초밭(草田) 출신 기영基泳의 단독 부담으로 신축 · 중건하였다. 이 계열에서도 상당한 인물이 배출되었고, 안동댐 건설로 후조당종가를 포함한 많은 건물이 수몰 위기에 처하자 건물을 이건하는 데 많은 힘을 보탰다는 사실을 집안 이야기로 들었다. 분가를 해서 거주하는 곳은 다르지만 큰 종가의 일을 적극적으로 돕는 것은 전통시대 이래의 관례요 미덕이

라고 할 수 있다.

- 숭원각崇遠閣(유물전시관)은 송석선생의 증손이요 당시 종손 김준식金俊植의 생부인 김택진金澤鎭 선생께서 국비를 얻어 신축·개관하였다.

이러한 사업을 마무리하는 데 10여 년이 소요되었으며, 정부의 적극적인 지원과 종친의 열성적인 협조로 1984년 5월 13일 드디어 전체 사업을 마치고 역사적인 낙성식과 숭원각 개관식을 갖게 되었다.

이 사업의 주장을 맡은 김택진 선생은 시종여일한 고신분투와 헌신적인 노력으로 거업을 완수하였으니 그의 공적은 자손만대로 기념될 것이다. 그리고 새 터전 가까이에 살고 있는 김창구金昌九, 김상만金相晩, 김기용金基瑢, 김기정金基禎, 김기탁金基卓, 김기직金基直, 김기명金基明, 김영창金永昌, 김구현金九鉉, 김욱한金旭漢 등 제족諸族의 노고도 매우 컸다.

뒤에 유교문화권사업으로 마을 입구에 숭원각보다 더 큰 유물전시관을 지었고, 이어서 국가예산으로 군자고와君子古窩를 지어서 사랑 부분은 강당의 형식으로 각종 행사를 개최하고 있으며 안채 부분은 음식 준비, 주거 등 다양한 목적으로 사용하고 있다.

군자리 문화재단지 내에 있는 건물은 거의가 칠군자 선대先

代 혹은 당대에 지었거나 그 후손이 선조를 현창하는 갸륵한 마음으로 조성했다는 점이 특이하다. 건축적 가치가 탁월하여 국가나 도에서 문화재로 지정한 것도 있지만, 지정되지 않은 것까지도 소중하게 보존되고 있다는 것에서 선조들이 남긴 올곧은 정신을 이어받기 위한 후손의 마음이 그만큼 지극했음을 알 수 있다. 대부분 안동댐 건설로 말미암아 약 40년 전 이곳으로 집단이건했지만 옛 모습을 잘 유지하고 있다. 그래서 이곳을 찾는 후손이나 수많은 관광객이 그 정취를 느끼고 가슴에 담아 아름다운 추억으로 오래도록 간직하지 않나 생각해 본다. 그러면 군자리 문화재단지에 있는 건물을 살펴보기로 하자.

2. 군자리 칠군자의 자취 남은 건물들

군사리에는 국가지정문화재인 '후조당'과 '탁청정'을 비롯한 여러 건물들이 있지만, 안동에서 한옥 고건축은 그렇게 관심을 끌지 못한다. 성인하고 사는 여자가 악처가 되듯이, 경주 사는 사람이 초등학교 소풍 이후 한 번도 석굴암을 못 가 보았다고 하듯이, 안동 사람들에게 한옥은 거의 무심한 존재에 가깝다고 할 수 있다. 사는 곳이 한옥이고 가는 곳이 모두 한옥이니, 놀라운 일도 못 된다. '병산서원'에 대한 온갖 미적 수사의 글도 안동 사람들에게는 '그저 그러니 그런 모양이구나' 하는 정도이다.

그런데 좀 더 전문적 식견을 가지고 안동의 건축을 보면 안동이 왜 '건축의 보고'인지를 새삼 깨닫게 된다. '후조당後彫堂'

은 그런 안동 한옥을 대표하는 건축물이다. 내부를 보면 '그저 그런 집이려니' 하는 생각이 완전히 빗나간다. 마루문을 사방으로 들어 올리는 구조의 '후조당' 은 안동의 고건축 가운데 단연 돋보이는 매우 화려한 집이다. '화려함' 은 당시에도 화제가 되어, 1567년 낙성식에 초대를 받은 퇴계가 "끝내 마루에 오르지 않고 현판만 써 놓고 가 버렸다" 하는 전설이 생기기도 했다. 사실 퇴계는 후조당의 신축을 축하하면서 "들으니 집을 너무 화려하게 지어 매화 운격에는 맞지 않아 언우彦遇(김부필의 字)가 병이 날 지경이라 하니, 이를 위로 한다"라는 글을 보내기도 했다.

1544년에 지어진 '탁청정濯清亭' 은 더욱 화려하다. 그래서 탁청정은 당시부터 '화려한 집' 이란 뜻의 '화루華樓' 로 표현되기까지 했다. 김시찬이 쓴 중수기에 "선례가 없을 정도로 화려하다"(先無華構)라고 했고, "단청까지 있었다"라고 했다. 아마 '정자亭子' 의 현판을 단 건물로는 전국에 앞서는 건물이 없을 것 같다. 퇴계는 "(탁청정의) 부엌에는 진미가 가득하고 독에는 술이 항상 가득하다"라고 한 바 있는데, 그런 부유가 이런 건물을 낳은 것인지도 모른다. 관심이 있는 자, 전문가에게 이들 건물이 갖는 예술적 가치를 물어보기 바란다. 사람들은 말하리라, 안빈낙도安貧樂道의 선비들의 삶에 어떻게 이런 화려한 집을 지을 수 있느냐고! 그렇게 볼 수도 있다. 사실 벼슬을 추구한 벌열집안에서 이런 집을 지었다고 하면 당연히 지탄받을 수도 있을 것이다. "벼슬을 부 축척의 수단으로 삼지 않았느냐" 고. 그렇지만 벼슬에 초연한 재야의 가문은 경우가 다르다고 보아야 한다. 이런 가문이야말로 집은 제대로 지어야 한다. 단정하고 멋진 집은 가문의 상징이다. 오천 광산김씨의 이런 집들은 이 가문이 할 수 있는 범위 내에서의 명예이며 규범이다. 그것은 결코 사치일 수가 없다.

군자리의 건축은 이후 김부인이 '산남정' 을 짓고, 김부의가 '읍청정' 을 짓고, 김부신이 '양정당' 을 짓고, 김부륜이 '설월당' 을 짓고, 다음 세대의 김해가 '근시재' 를 짓고, 그다음 세대의 김광계가 '침락정' 을 구축하는 것으로 이어졌다. 최근에는 김령의 후손들이 '계암정' 을 지었다. 그런 집들이 지금 군자리의 언덕에 저마다 자리하고 있다. 마치 지난날 '오천칠군자' 가 "아침에 일어나 의관을 단정히 하고 '경敬의 자세' 를 하고 있는 모습" 처럼 말이다.

1) 후조당

후조당은 광산김씨 23세로 오천 입향조 김효로(1455~1534)의 장손인 선조 때 사람 김부필이 16세기 중기에 창건하였다고 전한다. 후조당이란 당호는 그의 호를 따서 붙인 것이며, 대청에 걸린 현판은 그의 스승인 퇴계 이황(1501~1570)의 글씨이다. 후조당은 본래 낙동강에 인접한 예안면 오천동에 있었으며, 광산김씨 오천

후조당 현판

종택에 부속된 별당이다. 불천위 향사 시 제청으로 사용되고 있다. 종택의 정침은 중건된 것이고, 후조당과 사당만 고격古格을 유지하고 있다.

초창된 이후 400여 년간 임진왜란, 한국전쟁 등 많은 병화의 와중에도 제자리에 온존해 있으니 그 의미가 크다고 할 수 있다. 그러나 1970년대 초

후조당

안동댐 건설로 이건이 불가피하게 되었다. 1972년 11월 안동댐 수몰지역 문화재 현황 조사 때에 그 중요성이 인정되어 1973년 8월 유형문화재로 지정되었으며, 1974년 원래 세거지에서 2킬로미터 가량 떨어진 예안면 오천동 산28-1번지의 현 위치에 이건·보존되고 있다. 1991년 8월에는 중요민속문화재 제227호로 지정되었다.

특기할 사항으로, 이건을 위한 건물 해체 시 대청의 합각 하부 천정에서 안동 입향조인 18세 김무金務로부터 30세 김돈金墪에 이르는 연 12대의 희귀한 고서 및 문서류 등이 발견되었으니, 세상일은 참 새옹지마라 해야 할 것 같다.

후조당은 잡석 기단 위에 각주角柱를 세우고 2중보를 걸쳤으며, 겹처마 팔자지붕의 형태이다. 기둥머리와 보아지, 종량 위 대공의 조각수법이 주목된다. 특히 양식적 측면에서 여말선초의 모습이 상당 부분 남아 있어 건축사 연구에 중요한 자료가 되고 있다. 측면 2칸, 배면 4칸의 일자집에 동쪽 단칸이 2칸 앞으로 튀어나온 ㄱ자형 집으로, 동쪽 담에는 본채로 통하는 좁은 문이 있고 동쪽으로 굽게 튀어나온 전면 담에는 정문이, 서쪽으로는 사당으로 통하는 신문神門이 있다. '일一' 자 부분은 6칸 대청이 크게 차지하고 있으며, 동쪽 끝에는 트인 두 칸의 온돌방이 있고 이 앞으로 마루방 한 칸과 온돌방 한 칸이 튀어나와 있는데, 대별당大別堂 건축에는 이와 같은 형태가 매우 드물다.

이건 당시 비용을 감당하기 어려워서 안채를 해체하여 안동 시내 종택건물 건립 등에 쓰고, 지금은 안채가 없다. 건축연대, 구조양식, 보존상태가 뛰어나 1991년 8월 22일 중요민속문화재 제227호로 지정되었으며, 탁청정과 함께 군자리 문화재단지를 대표하는 건물이다.

2011년 8월에 작고한 김준식 전 종손은 생전에 '종가 안채가 없는 것이 매우 안타깝다' 는 이야기를 일가 분들과 도청에 문화재과장으로 있던 필자에게도 하였으니, 무거운 유언으로 생각된다. 문중의 여러 후손들은 '방법이 있다면 언젠가는 안채가 복원되었으면' 하는 바람이 있다. 최근 전 종손의 막냇동생인 김방식金邦植이 옮기기 전 후조당 안채 사진을 확보한 것은 매우 다행한 일이나, 현재 후조당 뒤편에 안채를 건립하려면 공간 마련을 위해 시멘트콘크리트로 된 유물전시관을 해체해야 하고 이어서 문화재청의 현상변경허가를 받아야 하며 복원에 소요되는 예산을 확보해야 하는 등 어려운 과제들이 남아 있다.

2) 탁청정종택 및 정자

탕청정종택은 입향조인 농수 김효로의 차남 김유金綏(1491~1555)의 종택으로, 정자와 일곽을 이루고 있다. 종택은 조선 중종 36년(1541)에 지었으며, 정자는 3년 뒤인 1544년에 건립하였다.

탁청정종택

이것은 정자에 농암 이현보(1467~1555), 퇴계 이황(1501~1570) 등 명현달사名賢達士의 시구가 걸려 있는 것으로 보아 확인이 가능하다. 탁청정 현판은 당대의 명필 석봉石峰 한호韓濩(1543~1605)가 쓴 것으로, 조금 후대에 게판揭板된 것을 알 수 있다.

종택의 본채는 조선 후기에 화재로 중건된 건물이다. 민도리 홑처마의 'ㅁ' 자형 와가로, 정면 6칸 측면 4칸의 22칸 규모이다. 정자는 광산김씨 소종택에 딸린 건물이다. 정면 3칸 측면 2칸의 누각건물로, 우측 4칸에 3면이 트인 마루를 달고 좌측 2칸은

탁청정 현판

온돌을 두었다. 원형기둥을 두르고 기둥머리에 일출목의 익공포작을 하였으며, 창방 위에 화반을 두었다. 화반이나 대공의 조각이 우수하다. 겹처마에 팔작지붕을 올려 정자로서의 격식을 잘 갖추었다.

탁청정 정자

종택은 1974년 수몰지역에서 이곳으로 이건해 오기 직전인 1973년 유형문화재 제26호로 지정되었고, 정자는 1991년 중요민속문화재 제226호로 지정되었다. 종택과 정자가 일곽을 이루고 있으므로 두 건물을 함께 국가지정문화재로 승격해 달라는 문중의 신청이 있었고, 이에 소정의 절차를 밟아 2012년 8월 24일 '안동 광산김씨 탁청정공파 종택' 이 중요민속문화재 272호로 지정되었다.

3) 광산김씨 재사 및 사당

광산김씨 오천 입향조인 김효로와 그의 증손 김해金垓를 제향하고 있는 불천위 사당祠堂과 추모당에 부속된 재사齋舍이다. 안동댐 수몰지역에서 이건하기 전인 1973년 유형문화재 제27호로 지정되었다. 재사는 제사를 지낼 때 제관들이 여러 가지 준비를 하는 공간이다. 정면 4칸 측면 1칸의 '이二' 자형 배치의 두 건물 동편에 정면 3칸 측면 2칸의 고사庫舍가 있어서, 전체적으로는 'ㄷ' 자형의 모습을 하고 있다. 재사 뒤편에 있는 사당은 입향조 농수 김효로와 증손으로 임진왜란 시 영남의병대장을 지낸 근시재 김해의 불천위 위패를 모시고 있다. 정면 1칸 측면 1칸의 크기이며, 전면에 8각 기둥을 세우고 앞쪽에 퇴를 두었다. 건물을 가로지르는 방목榜木이 기둥을 뚫고 나간 궤방집의 형식으로, 임진

사당

재사 및 주사

왜란 이전의 양식이라고 한다. 측면에 난 '정井' 자형 광창은 오래된 양식을 증명하는 것이다.

4) 읍청정

읍청정挹淸亭은 읍청挹淸 김부의金富儀가 오천 안산案山 기슭에 봉화 청량산을 향하여 자신의 강학지소講學之所로 건립했던 정자이다. 40여 년 전 안동댐 건설로 수몰 위기에 처하여 현 위치로 이건하게 되었는데, 그때 옛 건물이 훼손되어 자손 김기영이 공사비 일체를 부담해서 새로 지었다. 150센티미터 정도의 기단 위에 놓인 정면 4칸, 측면 1칸 반의 건물이다. 양쪽으로 온돌방이 있는데, 오른쪽 방은 1간이고, 왼쪽 방은 1칸 반이다. 가운데에는

읍청정

읍청정 현판

마루 2칸이며, 전툇마루 3칸이 있다. 정자 마루는 우물마루를 깔고 천장은 연등천장으로 하였다. 마루의 앞부분은 4분합 들어열개 띠살문을 달아 필요할 때는 문을 들어올리고 2개의 걸쇠로 고정할 수 있도록 하였다. 마루의 뒷벽과 방과 접한 벽면에는 쌍여닫이 넌출문과 쌍여닫이 띠살문을 달았다. 건물 전면의 툇마루와 쪽마루는 청판에 풍혈이 있는 계자각 난간을 둘렀다. 현판은 퇴계 이황의 친필이다.

5) 산남정

산남정山南亭은 산남山南 김부인金富仁이 건축한 정자로 중년에 허물어진 것을 중수하였으며, 지금은 낙운정洛雲亭이라 게판되어 있다. 정면 4칸 측면 2칸으로, 청판에 풍혈이 있는 계자각 난간을 'ㄷ' 자형으로 달았다. 가운데 2칸을 온돌방으로 만들었으며, 각각 여닫이문을 달았다. 겹처마 팔작기와지붕이다. 군자리의 다른 건물과는 달리 가운데에 마루가 없고, 방 2칸만 있는

산남정

것이 특이하다. 군자리에서 가장 정갈하고 아담한 건물이다. 낙운정 현판은 영하嶺下 이윤덕李潤德이 썼다.

6) 양정당

양정당養亭堂은 양정養亭 김부신金富信이 지은 정자로, 현판은 퇴계 이황의 친필이다. 수몰을 피해 이곳으로 옮겨졌다. 정면 4칸, 측면 1칸의 겹처마 팔작기와지붕으로 약 1미터 높이의 기단

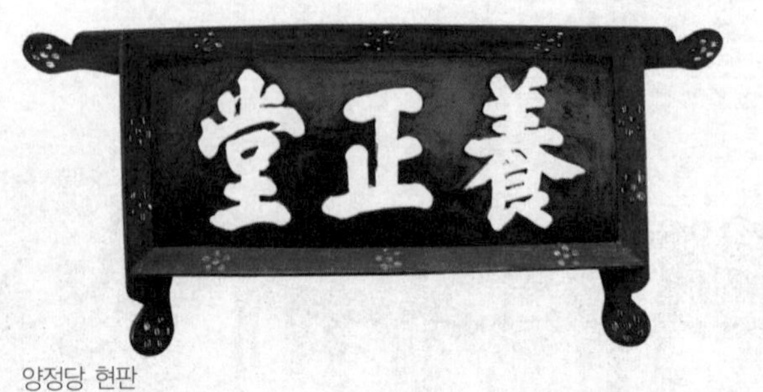

양정당 현판

위에 자연석 주추를 놓고 각주를 세웠다. 가운데 2칸은 마루를 놓았고 좌우의 2칸은 방으로 꾸몄다. 마루는 우물마루이며, 천장은 연등천장으로 만들었다. 마루와 양쪽 방 사이에는 벽을 만들지 않고 불발기창이 있는 들어열개 4분합문을 달아 필요할 때는 모두 올려 사용할 수 있도록 하였다. 마루의 앞쪽에는 벽을 만

양정당

들지 않고 들어열개 띠살 4분합문을 달았으며, 뒷벽은 각각 판벽에 여닫이 골판문을 달았다. 좌우의 방은 전면에 쌍여닫이 띠살문을, 옆면에 여닫이 띠살문을 달았다. 양정당 김부신이 자신의 호를 당호로 삼은 것인데, '양정' 이라는 말은 『주역』의 몽괘蒙卦(어리고 몽매한 자를 교화로 깨우침)에서 따온 것으로 "산 밑에 샘물이 난다"라는 의미를 취한 것이라 한다.

7) 설월당

설월당雪月堂은 설월당雪月堂 김부륜金富倫이 지은 정자인데, 원래 종택과 일곽을 이루고 있었으나 이 건물만 현 위치로 이건하였다. 현판은 퇴계 이황의 진필이며, 정면 4칸, 측면 1칸 반의 건물이다. 읍청정과 같이 오른쪽 방은 1칸, 왼쪽 방은 1칸 반의 크기이다. 가운데 2칸의 통마루를 두었으며, 앞으로는 툇마루가 있다. 정자는 1미터 높이의 기단 위에 장방형의 주춧돌을 놓았고, 전면 퇴의 기둥 3개는 원기둥이다. 가운데의 2칸 마루는 우물마루를 깔았다. 앞면의 각 칸에는 들어열개 띠살 4분합문을 달았고, 마루와 방이 접하는 좌우의 벽에는 각각 쌍여닫이 띠살문을 달았다. 마루의 뒷면에는 쌍여닫이 넌출문을 달았다. 좌우 방의 앞면과 옆면에는 각각 쌍여닫이 띠살문을 달았고, 온돌방의 옆면에 아궁이를 내고 뒤쪽에 굴뚝을 만들었다. 건물의 앞으로는 툇

설월당 현판

마루를, 옆으로는 쪽마루를 만들었는데, 앞면 4칸 가운데 정자로 올라오는 계단이 있는 부분을 제외한 툇마루에 청판에 풍혈이 있는 계자각 난간을 둘렀다. 외손인 일휴당日休堂 금응협琴應夾 및 면진재勉進齋 금응훈琴應壎과 관련된 건물이 안동댐 건설 과정에서 군자리 문화재단지에 함께 옮겨 오지 못한 것은 아쉬운 일이지만, 일부를 경산시 압량면 영남대학교 내의 민속촌으로 이건하여 교육자료로 활용하고 있음은 그나마 다행한 일이라 여겨진다.

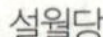

설월당

3. 칠군자 후예의 건축물들

1) 침락정

침락정枕洛亭은 1672년(현종 13) 근시재 김해의 아들 김광계金光繼가 세운 것이다. 1973년 수몰지역에서 이건할 당시 유형문화재 제40호로 지정되었다. 규모는 정면 4칸 측면 2칸으로, 가운데 4칸의 마루를 두고 양쪽에 온돌방을 배치하였다. 잡석의 낮은 기단 위에 방형의 초석과 기둥을 세웠으며, 홑처마에 팔작지붕을 올린 간소한 건물이다. 대청에는 침락정이라는 편액이 걸려 있으나 대청 안쪽에는 운암정사雲巖精舍 편액이 있다. 이로 보아 문도수학소門徒修學所였을 것으로 짐작된다. 전하는 바로는 근시재

침락정 현판

김해의 아들 매원梅園 김광계金光繼가 강학소로 세운 것인데 의병 출신의 유사儒士들을 모아 시회詩會를 열기도 했다고 한다. 김광계는 대암大庵 박성朴惺, 한강寒岡 정구鄭逑, 여헌旅軒 장현광張顯光 등 쟁쟁한 인물들에게 사사하였으며, 광해군의 난정亂政을 멀

침락정

리하고자 이곳에 은거하였다. 원래 건물의 자리는 예안면 오천동 1번지의 배산임수背山臨水한 강안江岸 대지에 위치하였으며, 가까이에 수직사守直舍를 비롯한 초가 서너 채가 있었다. 1974년 현재의 자리로 옮겨 왔다.

2) 계암정

계암정溪巖亭은 계암溪巖 김령金坽의 학덕을 기리기 위해 오천 군자리에 신축한 정자이다. 정면 3칸, 측면 2칸의 건물이다. 잡석 기단 위에 세워진 겹처마 팔작기와지붕의 건물로 2칸의 마루로 하였고, 왼편에 온돌방을 두었다. 앞면 툇마루에는 계자각 난간을 둘렀으며, 둥근기둥을 사용하였다. 나머지 기둥은 4각기둥이며, 2칸의 마루에는 띠살 4분합문을 달았다. 온돌방은 쌍여닫이문을 달았다.

계암정 현판

계암정

3) 지애정

지애정芝厓亭은 조선 정조 때의 학자 지애芝厓 김협金綊의 학덕을 기리기 위해 후손 재익在益이 건립한 것으로 정면 4칸, 측면 1칸 반의 건물이다. 오른편에 1칸짜리 온돌방을 두었고, 왼편에는 1칸 반짜리 온돌방을 두었다. 가운데 2칸은 마루로 만들었다. 마루 전체에는 'ㄷ'자 형태로 계자각 난간을 달았다. 겹처마 팔작기와지붕이다.

이 밖에도 군자리에는 근시재 판각과 기타 목판 보관을 위한 장판각이 있고, 문중유물전시관인 숭원각이 있다.

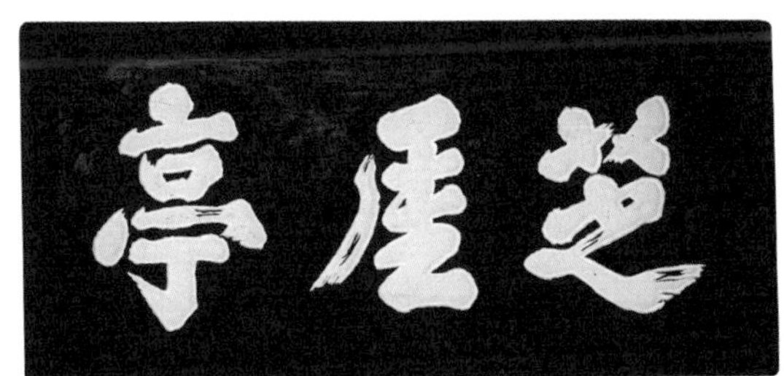

지애정 현판

지애정

4. 퇴촌공파 주요 문화재

경북지방에는 광산김씨로서 파를 달리하는 집들이 있다. 퇴촌공파退村公派는 퇴촌退村 김열金閱을 파조派祖로 하며, 경기도 퇴촌면 관음리 퇴촌을 세거지로 한다. 안동과의 인연은 퇴촌의 증손인 김용석金用石(1453~?)이 연산조의 어지러운 정치상황을 보고 가족을 데리고 안동 풍천면 구담리로 낙향한 데서 시작되었는데, 그 후손들이 안동 가야, 봉화 거촌 등지로 이주하여 일가를 이루면서 역사적 · 건축적으로 가치 있는 건물을 남겼다. 직계손이 세거하던 구담의 종택은 아쉽게도 유지하지 못했지만, 재실이 있어 문중행사가 있으면 거기에 모인다. 와룡면 가구리의 유일재惟一齋고택과 긍구당肯構堂고택 및 감실龕室, 그리고 봉화읍 거촌리 쌍벽당雙碧堂이 문화재로 지정되어 잘 보존되고 있어 소개할까 한다.

먼저 안동 구담에 정착한 퇴촌공파 계보와 예안파 계보 가운데 일부를 정리해 보면 아래와 같다.

퇴촌공파의 시조인 김열金閱은 시조로부터 17세손인 영리英利의 증손으로서 자가 자덕子德, 호가 퇴촌退村이다. 벼슬은 형조도관刑曹都官, 좌랑佐郎을 지냈으며, 문장이 뛰어났다. 증직으로 통정대부通政大夫 형조참의刑曹參議를 받았다. 안동과의 인연은 그의 증손인 담암潭庵 김용석金用石이 안동 풍천 구담에 낙향하면서 시작되었다. 그는 황 · 균 · 시 · 주 · 관 · 범 · 지 · 공의 여덟 아들과 두 딸을 두었는데, 장자 황은 기자전참봉箕子殿參奉을 지냈고 아들 언연 · 언낭 · 언호 · 언거 · 보 · 걸과 딸 셋을 두었다. 차자 균은 음보蔭補로 종사랑의서습독관을 지냈으며, 구담을 떠나 봉화 거촌으로 옮겨 살았다. 슬하에 아들 언구 · 언림과 딸 일곱을 두었다. 셋째 아들 시는 무과에 급제하여 통정대부로 성주목사를 지냈으나, 과거에 응시하지 말라는 용석의 뜻을 따르지 않았다는 이유로 집안에서 오랜 세월 소외되기도 했다. 슬하에 언진 · 언수 · 삭과 딸 둘을 두었다. 넷째 아들 주는 진사가 된 뒤 은거구지隱居求志하였다. 슬하에 아들 언선 · 언기 · 언옥 · 언형 · 언령 · 언경 · 가지와 딸 둘을 두었다.

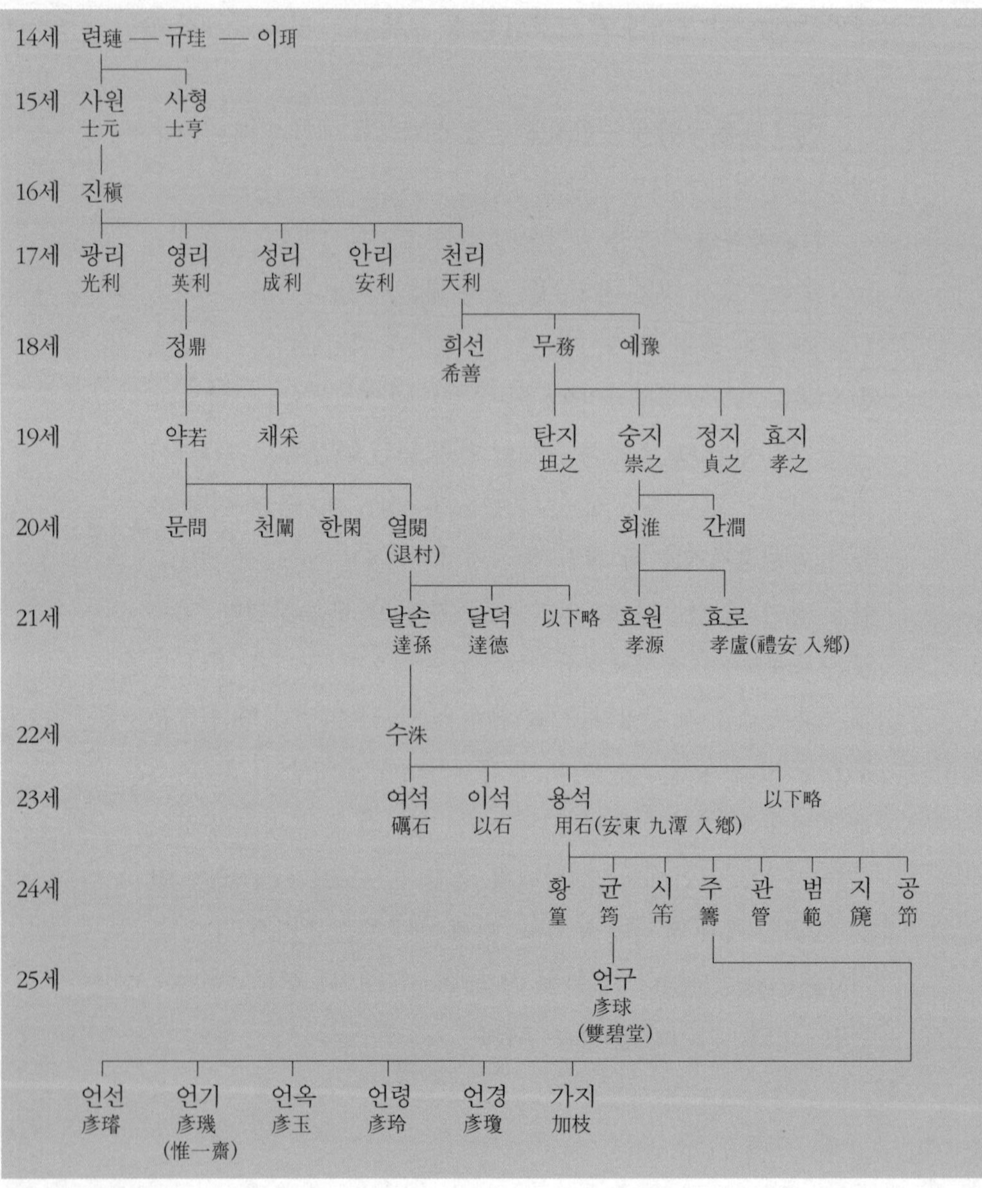
14세 련璉 — 규珪 — 이珥
15세 사원 士元 사형 士亨
16세 진稹
17세 광리 光利 영리 英利 성리 成利 안리 安利 천리 天利
18세 정鼎 희선 希善 무務 예豫
19세 약若 채采 탄지 坦之 숭지 崇之 정지 貞之 효지 孝之
20세 문問 천闡 한閑 열閱 (退村) 회淮 간澗
21세 달손 達孫 달덕 達德 以下略 효원 孝源 효로 孝盧(禮安 入鄕)
22세 수洙
23세 여석 礪石 이석 以石 용석 用石(安東 九潭 入鄕) 以下略
24세 황 篁 균 筠 시 笫 주 籌 관 管 범 範 지 篪 공 笻
25세 언구 彥球 (雙碧堂)
언선 彥璿 언기 彥璣 (惟一齋) 언옥 彥玉 언령 彥玲 언경 彥瓊 가지 加枝

유일재고택

1) 유일재고택

광산김씨 유일재공파 종택이다. 선대는 퇴촌 김열을 파조로 하며, 그의 증손인 김용석金用石(1453~?)이 처향을 따라 안동 풍천면 구담리로 낙향하였다. 이후 그의 4자子인 김주金籌의 차자次子 유일재惟一齋 김언기金彦璣(1520~1588)가 가야佳野로 이주하였는데, 김언기의 9대손 김도상金道常이 현재의 자리인 와룡면 가구리에 와서 이 건물을 구입하였다고 한다.

김언기는 퇴계의 문인으로 1557년(명종 22) 사마시에 합격하였고, 동문인 후조당 김부필 · 구봉령具鳳齡 · 권호문權好文 · 김팔원金八元 등과 교유가 깊었다. 후진교육에 힘을 써서 그의 문하에 남치리南致利 · 권사성權士誠 · 박의장朴毅長 · 신제申悌 등 수백 명의 인물이 배출되었다. 퇴계 사후에는 학봉 김성일金誠一 등과 더불어 여강서원廬江書院(후일 虎溪書院으로 사액됨) 창건을 주도하였고, 초대 원장을 지냈다.

건물은 배산背山하여 넓은 들판을 바라보며 동남향으로 자리잡았다. 'ㅁ' 자형 정침正寢이 있고, 그 왼쪽 뒤편으로 약간 높은 언덕 위에 사당이 있다. 1700년대 말의 건물로 창호의 구성이나 치목 수법이 고식古式이고, 배치평면 및 가구법 등이 당시의 건축양식을 잘 보여 주고 있어 1996년에 경상북도 민속자료 제113호로 지정되었다.

2) 긍구당고택과 감실

유일재 김언기가 살던 집으로 현재 안동시 와룡면 가야리 228 소재 '광산김씨 긍구당肯構堂고택'으로 보존되고 있다. 후손들이 살고 있으며, 2000년 경상북도 유형문화재 제316호로 지정되었다.

당호인 긍구당은 김언기의 5대손 김세환金世煥(1640~1703)의 호를 따서 붙인 것이다. 원래 이 고택의 규모는 99칸 정도 되었으

긍구당고택

나 안채를 제외한 다른 부분은 없어졌다. 현재는 사랑마당 북쪽에 'ㅁ' 자형 정침이 있고, 서쪽에 외양간채가 있다. 정침 서쪽에 방앗간채가 있고, 동쪽에는 거리를 두고 조금 높은 터에 사당이 남향으로 배치되어 있다. 안채의 평면구성과 대청 뒷벽 및 전면의 창호 구성 등에서 16세기 건축의 형태를 찾아볼 수 있는 좋은 자료이다. 그리고 사당 내 감실은 그 조각 수법이나 보존 상태가 좋아 '안동 긍구당고택 사당 내 감실龕室' 이라는 명칭으로 2011년 경상북도 민속자료 제142호로 지정되었다. 감실은 한때 도난

당했다가, 주손인 김대중 옹의 아들 김선일이 법관으로 있어 5년 6개월 만에 어렵사리 찾아올 수 있었다. 이러한 일은 조상을 위하는 마음이 그만큼 간절했기 때문이 아니었을까 생각된다. 주손 김대중은 안동향교 등에서 유교경전 강의를 하고 있는데, 파조인 퇴촌 김열의 실전된 묘소를 30여 년 전 확인해 다시 찾는 데 결정적인 역할을 했다. 1982년 10월 초, 주손은 외삼촌 김태균의 집안행사에 참석했다가 이 행사에 온 경기도 광주시 퇴촌면 출신의 이중규李重珪를 만나 '김좌랑金佐郎의 고총古冢이 있다'는 이야기를 듣게 되었다. 퇴촌 김열의 벼슬이 좌랑이었기에 찾을 수 있다는 확신이 생겨, 음력 10월 14일 김용각 등과 함께 4인이 현장을 찾았다. 해질녘에 산 쪽을 바라보니 아지랑이가 피어오르는 지점이 있었다. 가서 묘소를 확인하니 봉분은 거의 없어졌으나 묘비에 김좌랑지묘라 되어 있고 그 뒷면에 가족관계 등 확실한 기록이 나왔다. 미리 준비해 간 먹과 종이로 탁본을 하고 후손들에게 알려 묘제를 모실 수 있게 되었으니, 후손으로서는 참으로 의미 있는 일이었다. 당시 함께 있던 사람들이 오랜 세월 실묘했다가 다시 묘소를 찾은 것이 무척이나 신기해서, 김대중 주손을 보고 '당신이 귀신이요, 사람이요?'라고 했을 정도였다.

한편 긍구당종가에는 『훈민정음해례본訓民正音解例本』이 보관되어 오고 있었는데, 현 주손의 고모부인 이용준이 경성의숙에 다닐 때 『매월당집』과 함께 빌려 가서 고서상인에게 팔아 버렸다고 한다. 당시 큰 소 한 마리가 20원 할 때 3,000원을 받았다고 하니 그 값이 엄청나다. 현재 간송미술관에 소장되어 있는 『훈민정음해례본訓民正音解例本』이 바로 그 책이다. 이제 80이 넘어 거동이 불편해진 주손은 고택을 찾은 필자에게 이러한 사실을 매우 안타깝게 여기면서, 안동지역에 훈민정음 관련 시설을 하나 지었으면 하는 소망을 털어놓았다. 이러한 희망이 주손의 생전에 이루어지기는 어려울 수도 있다. 그러나 조선시대 안동 광흥사에 주자소鑄字所가 있었고, 사찰에서도 주자소 복원에 대한 구상을 가지고 있는 것으로 알고 있다. 최근 상주에서 발견된 『훈민정음해례본』(경북대학교 이상규 교수가 두 책을 동일 판본으로 확인)이 광흥사에서 도난당한 것이라는 주장이 있다. 안동시에서도 이러한 부분에 관심을 갖고 있어 어쩌면 주손의 소망이 언젠가 이루어질 수도 있겠다는 생각이 든다.

3) 거촌리 쌍벽당

안동 구담의 퇴촌공파에서 봉화군 봉화읍 거촌리巨村里로 옮겨 세거하고 있는 계열은 담암 김용석의 차자인 죽헌竹軒 김균金筠과 그 아들 쌍벽당雙碧堂 김언구金彦球(1507~?)로 세계가 이어진다. 이 집의 본채는 봉화 거촌 입향조인 김균이 1450년에 지었다고 한다. 김언구는 조선 연산군 때의 성리학자로, 유림에서 그의

쌍벽당 현판

쌍벽당

유덕을 기리기 위해 1566년(명종 21) 쌍벽당雙碧堂 정자를 짓고 1652년(효종 3)에 증축하였다.

거촌리 쌍벽당은 1984년 중요민속문화재 제170호로 지정되었다. 입구에는 대문채와 작은 행랑채가 있으며, 본채는 'ㅁ' 자형의 평면으로 안채와 사랑채가 이어졌다. 본채 우측에 쌍벽당이 있고, 그 뒤쪽 높은 곳에 사당이 위치해 있다. 쌍벽당은 정면 4칸 측면 2칸의 팔작지붕 무익공계 건축양식으로 되어 있고, 전면에는 계자난간을 둘렀다. 종손인 김두순金斗淳은 종가 유지를 위해 부단한 노력을 기울이고 있으며, 도내 유림행사에는 거의 빠지지 않고 참석하는 열의를 가지고 있다. 최근에는 팔순을 맞이하여 '벼슬하지 말라' 라는 가훈을 제목으로 책을 발간하였다. 같은 마을에는 원수변씨가 있는데, 두 성씨가 오랜 세월 동안 함께 마을을 지키고 있다.

君子
마을
2010. 5. 18

제5장 전통의 가풍과 현대적 변용

후조당종가는 예안 오천 입향 후 현재까지 시대변화에 맞추어 시시이중時時而中의 정신으로 종택을 지켜 오고 있다. 그러면 여기에서 최근 100여 년간 종가를 지켜온 인물들이 살아 온 과정을 통해 전통의 가풍과 현대적 변용의 구체적 실상을 살펴보기로 하자.

1. 종손의 조부 김택진 약전

농암 이현보 종손인 이성원 박사가 찬한 「죽초 김택진 선생 묘갈명」을 통해 종손의 조부 김택진金澤鎭 선생에 대한 약전略傳을 정리하고자 한다. 이 글을 지은 후 집안사정으로 아직 비석을 세우지는 못하였지만, 초안을 보면 자는 여옥汝玉, 호는 죽초竹肖이며 광산인光山人이다. 1920년(庚申) 2월 6일 단산檀汕 김종구金鍾九와 전주류씨 사이에서 육남매 중 차자次子로 오천에서 출생하였다.

외고조는 참봉 류정문柳鼎文이며 외외증조는 참의를 지낸 향산響山 이만도李晩燾이다. 부인은 무안박씨務安朴氏로서 무의공武毅公 박의장朴毅長의 후손이며, 외조는 문충공文忠公 서애西厓 류성

종손의 조부 고 김택진 옹

룡柳成龍의 후손인 류교식柳教植이다. 시조 흥광興光으로부터는 38세손이며, 예안파 오천 입향조 참판공 김효로로부터는 18세손이고 문순공 후조당 김부필의 16세손이 된다. 만형(昌漢) 내외가 조몰早沒함으로 후사가 없어 맏아들 준식俊植이 출후出后하여 종손으로 승계承繼하였다.

맏아들 준식이 출계하고 충식忠植, 형식亨植, 효식孝植, 방식邦植, 순희筍姬, 영희英姬 7남매를 두었으며, 손자 석중碩中, 재중在中, 희중希中, 혁중赫中, 성중聖中, 신중信中, 윤중允中과 손녀 은숙恩淑, 연경蓮京, 지연知娟, 민경旼瓊, 민선旼善, 희경喜卿이 있다. 맏딸의 남편은 진성眞城 이덕희李德熙이고 외손으로 아들 중호重浩와 딸 중선重善이 있으며, 둘째 딸의 남편은 영양英陽 남중식南重植이고 외손으로 아들 종석種錫과 딸 유석攸錫이 있다.

선생은 영남의 전형적인 누대 유가 출신으로 가학과 범절을 익히고 성장하였으며, 일찍이 신문화 · 신교육을 수용하여 서울에 있는 휘문고보에 유학하고 잠시 공직에 종사한 바 있다. 그 후 큰집으로 출계한 종손 준식이 나이 어린 탓에 문사門事와 봉제사奉祭祀, 접빈객接賓客을 대신하고 연로하신 부모님을 모시는 데 평생을 희생하였다. 종손이 장성해서는 서울에서 공직에 있었으므로 종손의 역할을 대신하였다.

1974년 뜻하지 않은 안동댐 건설로 600여 년 세거한 고향 외내마을이 수몰되어 현재 자리한 군자리로 종택·사당·정사亭舍 등 문화유산을 옮겨서 새 터전을 조성하는 데 크게 공헌하였다. 조상 대대로 물려받아 보존해 오던 건축물과 전적 및 고문서 등 기록문화유산을 국가문화재로 지정받는 데 많은 역할을 하였으며, 고문서를 비롯한 전적 4,000여 점을 한국학중앙연구원에 해제를 의뢰하고 고문서집성古文書集成 제1호인 『오천고문서烏川古文書』를 발행토록 노력하였다. 평생 종택을 지키며 문중의 일을 처리하는 데 기여하여 오천 광산김씨 일문이 중흥하는 계기를 만들었다고 할 수 있다. 미래 천년을 바라보는 오늘의 군자마을의 영광 또한 선생의 공적이 크다고 하지 않을 수 없다.

당대의 학자였던 부친 단산檀汕선생의 가학을 전수받았는데, 특히 서예는 높은 경지에 올라 각종 비문과 현판 등 적지 않는 글씨를 남겼다. 광산김씨 예안파 일문을 이끌고 지도하면서도 안동 유림의 대표 격인 유도회장직을 맡아서 한국전쟁 때 소실된 안동향교를 복원하기 위하여 힘썼다. 그리하여 안동·예안

유림대표를 규합하여 당시 권정달 국회의원의 도움을 이끌어내고 안동시 · 안동군 · 경상북도 · 내무부 · 문화관광부 · 교육부 등 관계기관과 교섭한 끝에 마침내 향교 복설을 성취시켰다. 아울러 시내 중심에 안동향교 회관과 유도회 사무실 건물을 함께 마련하는 데 앞장섰다. 이러한 선생의 공적은 안동의 역사뿐만 아니라 안동 유림사에 길이 빛날 것이다. 나아가 경상북도 향교재단 이사장직에 취임해서는 재정의 열악함을 타개하고 원만한 운영으로 향교재단의 굳건한 기반을 확립하였다. 또한 성균관 부관장이 되어서는 인륜도덕의 가치관이 상실되어 가는 이 시대에 침체된 유교문화의 창달을 위하여 헌신한 바 크다. 이처럼 선생은 가정과 문중뿐 아니라 국가와 지역사회를 위해서도 유교문화의 진흥과 유도정신의 선양을 위하여 헌신하였다. 그 공로를 기리기 위해 기념비를 건립하였으니, 비문 말미를 옮기면 아래와 같다.

> 아아! 공의 가문 사람 "효도하고 우애하며 악을 미워하고 선을 좋아하고 학덕을 연마하여 군자가 되었으며 손님이 오면 온갖 정성을 다하는 집"이라 했거늘, 공은 여기에 대하여 "새 고향 새 터전을 조성함은 교육의 도장으로 승화시켜서 조상의 얼을 계승 보존하는 데 그 의의를 찾아야 한다"고 하셨으니 이 말씀 한마디가 곧 군자마을의 정신이고 좌표이다. 그 누가 이 말씀

의 뜻을 되새기지 않으리오. 그 누가 이 말씀의 깊이를 생각하지 않으리오. 공의 정성과 업적은 군자마을과 함께 만세에 빛나리라.

2. 종손의 아버지 김준식 단상

종손의 아버지 김준식金俊植 선생은 1938년에 출생하였고, 성균관대학교 사학과를 졸업하였다. 짧은 기간 도시에서 직장생활도 하였지만, 고향에 내려와 종가를 지켰다. 한국국학진흥원 자문위원, 안동독립운동기념관 이사, 안동문화원 11 · 12대 원장(2002. 2~2010. 2), 한국고택문화재소유자협의회 명예회장, (사)도산서원구곡연대 이사장 등을 지냈으며, 옥관문화훈장(2009), 자랑스런 도민상(경상북도)을 수상하였다. 주요 경력을 통해 안동지역 내지 경북의 문화발전에 크게 기여했음을 알 수 있다.

2010년 8월에 작고한 선생의 강의 자료가 남아 있어 이를 소개하고자 한다. 이를 통해 안동지역 종손으로서 그가 가졌던 종

오른쪽 두 번째부터 후조당 노종부, 김준식 전 종손, 장성진 경당 종손 내외, 김관용 경상북도지사, 이창건 노송정 종손 내외, 최진돈 백불암 종손 내외

가 · 종손 · 종부에 대한 인식의 일면을 엿볼 수 있다.

먼저 종가 · 종손 · 종부의 의미에 대해서, "종가는 한 문중의 맏이로만 이어 온 큰집이며, 종손은 일문 혹은 동족의 최고 조상의 직계손이라" 하였다. 그리고 "종부는 종손과 혼인한 종가의 맏며느리이고, 종녀는 종손의 딸이라" 했다.

이어서 종가의 형성 과정과 개념에 대해, "종가는 조선조 1450~1690년대에 장자상속의 정착을 계기로 형성된 한국적 가부장제의 특수성을 반영한 것이며, 적장자의 재산상속의 의미 외에도 사회적 의미는 가문의 영광을 위하여 훌륭한 조상을 모시고 일문의 씨족집단의 번영을 위하여 그 중심 역할을 하는 의미가 있었다"라고 했다. 또 "향교 또는 서원에서 사제지간에 이루어지는 학맥을 통하여 유림사회의 문호를 여는 목적으로, 그리고 종가를 중심으로 하는 씨족집단의 보존 · 유지 또는 선양을 목적으로 형성 · 발전되었으며, 특히 안동을 중심으로 하는 영남지방이 더욱 종가를 중요시한 특징이 있었다"라고 했다.

종가의 범위와 선정에 대해서는, "최소한 10여 대 이상 조상을 모시는 집(필수적인 것은 아니다)"이라 규정하고, "대수가 오래되었다고 반드시 종가는 아니며, 나타난 조상 즉 현조顯祖가 있어야 한다. 다시 말하면 벼슬을 높이 하여 국가에 기여했거나 학덕이 높은 조상을 모셔야 한다"라고 했다.

종가로서의 핵심 요건으로는 '불천 · 부조위 사당을 가진 집, 시호를 받은 집, 종택 또는 문화재급 고택을 가진 집, 문묘 또는 종묘 · 서원에 조상이 배향된 집, 대대로 내려오는 종택을 가지고 종손이 살고 있는 집(물론 종택이 없어지고 객지에 우거하는 종가라도 종가가 아니라고 할 수는 없다)'을 들면서 "종손이 되자면 길사吉祀를 지내야 자격을 득한다"라고 하고, "이러한 조건이 다 갖추어지지 않더라도 절반 이상은 충족되어야 종가라 할 수 있다"라고 했다.

종가의 종손과 종부가 해야 할 책무에 대해서는 "종손은 문중을 대표하고 문중의 대소 행사에 대한 결정권을 가지며, 문중

공유재산의 최고 관리자로서 지손들의 사회적 선악 행위를 통제하고 배려함으로써 지손의 보종保宗관념을 진작하며, 봉제사 시 초헌관 역할을 하고 접빈객을 행해야 하며, 종가가 무후하면 차자 또는 지손의 장자로 하여금 입후立後케 하며(예외 인정), 서원·향교 등 유림의 행사에 출입해야 한다"라고 하고, 또 "종부는 장차 종손이 될 적장자를 출산·양육하며, 봉제사의 준비 총책임을 지며, 종가를 방문하는 모든 손님들을 정성껏 접대하며, 품위를 유지하고 문중 내부 여자들과 친목을 도모하며, 시부모·남편·자손들의 의복 등을 책임져야 한다"라고 했다. 그러면서 "종손이 하는 일이 비중은 높으나 실제로는 종부가 하는 일이 격무다"라고 하였다.

종손 교육에 대해서는, "종손은 어릴 때부터 글을 가르쳐서 학문에 치중토록 하여 행동거지가 종손답게 예의가 바르고 경박하지 않으며 정중한 처신을 할 수 있도록 해야 하고, 조상을 중시해서 '조상 없는 자손이 없고 자손 없는 종손도 없다'는 생각을 갖게 해야 한다. 또 문중과 지손을 위하여 늘 배려하고 양보하는 미덕을 가져야 한다"라고 했다.

현대와 미래에 종손의 역할에 대해서는 "종가의 종손 또는 종부 문화도 시대의 변화에 따라 함께 변화할 수밖에 없으며, 종손과 종부는 군림하는 자리가 아님을 알아야 한다", "종손은 항상 지손의 안위와 불행·영광을 함께 느끼고 걱정하며 축하하면서 격려해야 하며, 종손은 모든 문중 일에 솔선수범하되 숙맥이 되어야 한다"라고 했다. 또 "앞으로 관혼상제 등 의식절차를 간소히 하고 편리하게 개혁하는 데 앞장서야 한다. 종손은 자기 조상, 자기 문중만 관심이 있고 남의 조상, 남의 문중을 비하 또는 무시하는 이기적인 사람이 되어서는 안 되며, 자기 조상이 대단하면 남의 조상도 대단하게 예우를 하여야 한다. 모든 사람이 그렇지만 종손은 겸손하고 겸양하여야 존경을 받는다. 문화재와 고택을 가진 종손은 건물을 보존 관리하는 것은 물론 또 개방하고 활용하여 지역사회에 기여해야 한다. 왜냐하면 문화재의 소유는 종손 또는 문중이지만 국민이 공유하고 향유하는 역사물이라는 것을 인식해야 하기 때문이다"라고 했다.

이러한 선생의 생각은 안동 양반가의 대체적인 동의를 얻을 수 있다고 생각하지만, 사람에 따라서 이와는 조금 다른 생각을 가질 수도 있으리라. 필자는 고인의 생전에 매년 몇 차례 만났지만 종가에 대하여 깊은 이야기를 나누지는 못했다. 다행히 안동문화원장 퇴임식에 참석했을 때 '이타利他'를 중요한 가치로 살아왔다는 말씀을 들을 수 있었다. '남을 이롭게 한다'는 것, 결국 종가의 종손·종부의 삶은 국가와 사회 그리고 문중에 봉사하고 기여해야 한다는 것이니, 서양의 '노블레스 오블리주'와 맥락을 같이하는 가치관이라고 생각된다.

3. 노종부 무안박씨의 삶

1) 친정 이야기와 인연에 따라 결혼한 과정

노종부 박도현은 무안박씨務安朴氏 무의공武毅公 박의장朴毅長의 후손으로 아버지는 박상봉朴相鳳, 어머니는 풍산류씨 류시교柳時嬌이다. 1940년 영해 도곡(속칭 번개)에서 태어나 25세에 중매로 시집을 왔다고 한다. 시어머니 역시 무안박씨 일가로서 무의공 후손이다. 혼인 당시에는 잘 몰랐으나, 시어머니가 아는 문중이라 자연스레 혼담이 오가서 혼인으로까지 이어졌다고 한다. 사실 조선시대 혼인을 보면 양반층의 경우 누대에 걸친 중첩적 혼인이 많았다. 양반 신분을 가진 번듯한 집이 많지 않았기 때문에

노종부 무안박씨

종가 음식을 시식하는 김춘희 박사(김관용 경상북도지사 부인)와 세전 음식을 설명하는 노종부

조상 대대로 세의가 두터운 집안끼리 자주 혼인을 하는 것은 어쩌면 불가피한 일이었는지 모른다. 이러한 전통이 그때까지도 이어졌기 때문이리라.

종손을 처음 만났을 때 인연이라 생각하고 시집을 오니, 그때 종손은 종부보다 두 살 위인 27세였다. 친정은 자매뿐이라 단출했는데 시집은 팔남매나 되니 참 좋겠다는 생각을 했다고 한다. "친정어머니께서는 저를 종가에 시집보내실 때 큰 반대는 않으셨지만 속내는 걱정이 많으셨겠지요"라며 회상을 이어간다.

2) 시집의 살림살이

당시 시댁 살림살이는 토지가 좀 많았지만 식구가 많고 큰집 살림에 쓰임새가 많아 그리 넉넉하지는 않았어요. 시집오니 시조부님도 계셨고, 나 자신이 미숙하지만 어른들이 자애롭게 대해주셔서 별로 어려운 것은 몰랐어요.…… 종부는 이래야 된다 라거나 예절교육을 무리하게 가르치려고만 하지 않으셨어요.

시조부님은 큰 학자셨지요. 우리 어머님께서는 그 옛날에 초등학교를 졸업하셨고, 시어른께서도 서울 휘문고보를 졸업하셔서 현대식 교육도 받으시다 보니 전통적이고 합리적인 가풍이 공존했어요.…… 친정과 시집은 같은 유교문화권이다 보니 생활이 비슷한 점이 많았습니다.…… 시어머님은 나무라는 말씀을 많이 하지 않으셨고, 시아버님도 자손들에게 늘 칭찬과 격려를 많이 하시고 필요한 말씀만 하시니, 이를 아랫대들이 자연스럽게 배우고 가성家性이 된 듯합니다.

시어머님은 자애롭고 지혜로운 분이셨습니다. 연세가 많으셔도 옛날 노인들같이 고루하지 않으시고, 예를 들면, 매일 신문을 읽으셨어요. 그때는 아녀자가 신문을 펴 놓으면 좀 그럴 시절이잖아요. 여하튼 경제, 국제정세 등 시사에 밝으셨고, 집안의 경제와 경영을 하시는 게 훌륭하셨어요. 저는 따라갈 수 없는 그런 분이셨죠. 그리고 육아방식에 있어서도 특별한 게 많다기보다는 원칙 같은 것이 있으셨어요. 정의롭고 불의와 타협하지 않고, 참 곧고 현명하셨다고 생각합니다. 그리고 자태도 고우시고, 단정하셨어요. '나도 나중에 어머님처럼 살 수 있을까?'를 항상 생각하게 되었습니다.

3) 신행 후의 서울생활과 안동 이주

신행하고, 그때 우리 시동생들이 전부 서울에서 학교를 했어요. 모두 하숙시킬 형편이 안 되서 서울에 작은 집을 하나 마련하셨습니다. 제가 안동에 남고 어머님 당신께서 올라가셔도 될 일인데, 아무것도 모르는 제가 큰집 살림살이 감당하기 힘들까 봐 '네가 올라가거라' 하시기에 신행 후 바로 서울로 갔어요. 살림을 해 보질 않아서 남편과 시동생들 모두 숱한 고생을 했겠지요. 사남매까지 낳아 길렀어요. 종부인 저를 보는 남들은 '많이 힘들겠구나' 하시지만, 종부라서 더 특별히 삶이 힘들었다기보다는 그 당시 생활수준과 식구 많은 집들은 모두 비슷한 애환이 있었을 겁니다. 많은 분들의 그런 생각이나 위로해 주는 마음이 고맙게 생각되었습니다.

오랜 서울생활로 인해 사실 저는 제사를 안동으로 다시 낙향한 후에서야 받들게 되었습니다. 그때가 제 나이 서른여섯쯤 되었지요. 안동에 내려와 어른들과 생활하는데, 종가이다 보니 '봉제사 접빈객' 이라는 말이 있듯이 행사와 손님이 일반 가정과는 달리 많은 편이었죠. 그러나 그때 기억에도 그 옛날보다 좀 수월해지는 변화가 있었던 듯해요. 문중 어른분들이나 지손들이 종부라고 걱정해 주시고 끔찍이도 대해 주시니 죄송스럽고 고마울 따름이었죠. 그런 것이 저에겐 위안이었어요. 2007년도에는 6개월 사이에 내외분을 다 여의었어요. 두 분이 저에겐 정신적 지주셨는데 말입니다. 제가 서울 살 때는 큰일이 있을 때만 고향에 내려오면서 평범하고 편한 삶을 살았는데, 요즘 생각하니 그때 많이 여쭙고 배웠으면 얼마나 좋았을까……, 지나고 보니 아쉽고, 두 분이 더욱 그립습니다.

후조당 내림음식(약과)

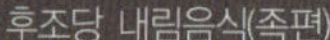

후조당 내림음식(족편)

4) 제사와 후조당 음식: 약과, 족편 등

제사는 기제사로 사대봉사니까 그렇게 모시고, 봄에는 부조위향사가 있고, 가을에는 추향대신 묘제가 있어요.…… 제사 음식에 대해 특별히 말씀드릴 만한 것이 있나 모르겠는데, 저의 어머님은 전수할 만한 음식이 많으셨습니다. 특히, 약과, 족편, 집장 등을 참 잘하셨어요. 조금씩 따라하다 보니 어머님보다는 못하지만 이제 비슷하게는 할 줄 알게 되었고, 제사 때도 몇 가지씩은 해 올리곤 합니다. 그중 한 가지가 족편인데, 족편은 소발(牛足)을 푹 고아서 해요. 보통 소 껍데기를 고아서 하는 걸 피편이라고 하는데, 방식이 비슷하여 족편도 피편이라 하기도 하지만 엄밀히 말해서 족편이 맞는 말이지요.…… 뭐 만드는 방법이 특별한 게 있나요. 우족을 오래 고면 멍울멍울해지는데, 그걸 다져서 양념하고 다시 묵처럼 굳히면 먹기 좋은 족편이 됩니다. 이를 제사상에 올리지요. 물론 설 차사茶祀에도 기본으로 올립니다. 또 대표적인 한 가지를 꼽자면 집산적입니다. 제 생각엔 좀 특별한 음식이다 싶은데, 겨울철에 배추, 무, 다시마를 적당히 익히고 파, 쇠고기 등 재료를 모두 적당한 크기로 해서 간하고 꼬치에 끼워 적을 부치는데, 이거 하나면 여러 가지 적을 부칠 필요가 없어요. 맛도 있고 모양도 있는데, 이렇게 하는 집이 잘 없어요. 그래서 설에는 이 족편과 집산적을 설 차사에도 쓰고 세객歲客들에게도 대접하지요. 그리고 약과도 빠지지 않게 미리 준비해 둡니다.

5) 본격적인 종부 수업

삼십대 중반에 서울서 안동에 내려왔는데, 그때는 뭔지도 모르고 그냥 어른이 가르쳐 주신 대로 따라하고, 그러다 보니 자연히 익혀지게 되고, 그랬어요. 안동댐 건설로 종택을 옮기게 되고, 삶의 터전을 잃고 일가들이 서울, 대구 등으로 많이 흩어져 나가게 되면서, 제사에 참석하는 제관들의 수가 많이 줄었어요. 그나마 양대분이 계실 때는 정초에 세객들이 많으셔서 무척 바빴어요. 그런데 지금은 가까이 계시는 분들만 종가에 오셔서 설 차사에 참석하고 세배도 하고 그럽니다.

6) 자녀 가정교육, 종가의 미래에 대한 희망

슬하의 사남매는 최종학력까지 훌륭히 마친 데다 형제는 삼성 그룹사의 연구원으로 번듯하게 잘되어 있고 자매도 출가하여 부족함이 없어 보이는 데도 '교육은 잘한 게 없다' 는 겸양의 말씀을 하였다.

아이들 교육은 큰집 살림에 바쁘게 살다 보니 특별한 교육을 한 것도 없고, 어른들과 대가족이 모여 같이 살고, 그런 삶의 모습들이 바로 산교육이었지요.…… 후조당 종부로서 앞으로 소원이라면, 집에 큰아이가 이제 종손으로서 문중을 맡게 되었는데, 맡은 바 중책을 잘해 나갔으면 하는 바람이고요, 우리 후손들이 조상께 누가 되지 않도록 이 소중한 문화유산을 오래도록 잘 보존해 나갔으면 좋겠습니다.

4. 서울 사는 젊은 종손 김석중의 진솔한 생각

1) 아버지의 삶, 그리고 가정교육

저의 선친께서는 종손이시면서 안동문화원장을 8년간 봉직하셨기 때문에 문중행사와 문화원행사가 늘 많았습니다. 행사가 있으면 사전 준비를 굉장히 철저히 하셨어요. 그리고 인사말·축사를 하실 때에도 적절한 인용구를 미리 준비하셔서 구사하시는 등 치밀한 준비, 이런 것들은 굉장히 본받을 만합니다. 종손의 행동이라서 특별한 것이 아니라 일반 사람들도 필요한 배울 부분인 것 같아요.

또한, 지위고하를 막론하고 모든 사람들을 똑같이 존중해서

후조당 종손과 필자

대하셨던 것 같아요. 그러셨기 때문에 돌아가시자 많은 분들이 애도했던 것 같습니다. 모든 사람들이 잘살 수 있는, 그것이 어떤 경제적인 것보다는 사회구성원으로서 서로 잘 어울리고 살아갈 수 있다는 생각, 그런 것을 몸소 실천하셨던 분이셨습니다. 사람이라면 이기적으로 당신만을 위해 살 수도 있잖아요. 그런 부분은 거의 없으셨어요.

그리고 모든 일에 기획력과 추진력이 있으셨어요. 아버지께서는 정확하고 강한 면이 있으셨고, 어머니는 남을 배려하고 부드러운 면이 있으신 분입니다. 그런 두 분의 조화로운 부분들이 결과적으로 많은 사람들한테 존경을 받으신 거죠. 그래서 저도 그런 것을 많이 배우려고 하고 있어요. 아버지께서는 준법도 강조하셨습니다. 제가 군에 갈 때도, 저는 군에 안 보내실 줄 알았어요.(웃음) 그런데 '당연히 가야지' 하셨어요. 그리고 항상 공평하고 합리적인 생각과 말씀을 하셨어요, 여러 사람들이 있으면 자기의 몫이 있는 것인데, 어떤 사람들은 그런 상황에서 욕심을 냅니다. 결국 다른 사람에게 피해를 입히는 거잖아요, 예를 들어서, 이렇게 우리 세 명이 있고 귤도 세 개가 있으면 '내가 먹을 부분은 한 개다' 라고 생각을 해야 하는데, 맛있다고 해서 자기 혼자 두 개를 먹으면 다른 사람이 못 먹게 되잖느냐, 이런 말씀을 하셨습니다. 평소 그분 사상의 기조가 아닌가 생각합니다. 또 하나를 예로 든다면, 문중에 여러 집들이 있잖아요. 집집마다 서로 갈등이 있을 수도 있고 한집안의 형제간에도 있을 수 있는데, 종손의 입장이시니까 더더욱 그러셨는지 모르겠지만 구심점이 되셔서 우리 문중 사람들이 화합할 수 있도록 많이 노력을 하셨던 거 같아요.

제가 부족한 점이 많고 직장 때문에 지금 고향에 내려와 있지도 않다 보니까 교육할 게 많으셨겠지만, 저도 때가 되면 고향에 돌아와서 종손으로서 나름대로 잘하리라고 믿으시고 일일이 저를 가르치기 위해 따로 말씀하시거나 표현하시는 일은 없었습니다. 그렇지만 많은 무언의 가르침이 있으셨던 거 같아요.

제가 어릴 때를 회상해 보면, 조부께서 서예를 잘 하셨어요. 사랑방에 같이 지내면서 옆에서 먹을 갈아 드리곤 했는데 조부로부터 쓰시는 글의 의미도 듣고 우리 집안 옛날 얘기도 듣곤 했습니다.…… 그런데 제가 유교문화권에서 종손으로 행세하기 위한 그런 지식은 아직 많이 부족한 거 같아요. 그래서 조금씩 공부를 하고 있지만, 은퇴를 하고 고향에 내려오게 되면 본격적으로 공부를 해야겠지요.

2) 고집으로 이과를 택한 사연

고등학교 때 문·이과 선택을 하잖아요. 제가 그때 "이과를 가겠다"고 했더니, 문중 족조族祖께서 모교에 교사로 계셨는데 저를 불러 "너는 이과 가면 안 된다" 그러시면서 몇 번이고 야단을 치셨어요. 그래도 저는 고집을 피워서 결국 이과를 가고 공대를 갔어요. 저는 뭐 이과가 적성에 안 맞는 것도 아니지만, 또 문과 방면으로 했으면 어땠을까 싶기도 하고,…… 원래 가지 않은 길에 대해서 많이 아쉬워하잖습니까? 어찌 됐거나 그렇게 선택을 하게 됐는데, 이과를 갔다고 해서 종손을 못하는 것은 아니니까요. 부모님은 특별하게 진로에 대해서 간섭하시지는 않으셨어요. 우리가 원하는 대로 해 주셨던 거 같고, 억지로 하시는 법이 없으셨어요. "그냥 물 흐르는 것처럼 순리대로 해라" 하셨지요.

종손 김석중

아버님은 좀 개혁적이셨던 것 같아요. 옛날에는 어림도 없었지만, 제사도 한밤중이 아니라 초저녁에 지내시는 것으로 바꾸셨어요. 왜냐하면 제관들이 모여야 하니까요. 한밤중에 제사를 지내면 멀리서 직장 다니는데 누가 올 수 있겠습니까?…… 전반적으로 합리적인 생각을 많이 하셨던 거 같아요. 저의 사고방식이 좀 유연할 수 있었던 것은 그런 부분을 닮아서인 것 같습니다.

3) 결혼 과정과 가계계승 문제

학교 다닐 때는 미처 생각하지 못했지만 종손이라서 결혼하기가 힘들었어요. 군대 갔다 오고 직장 잡고 나이도 차니까 "선을 봐야지" 하셔서 여기저기 선을 봤는데, 그게 잘 안 돼요. 상대

방이 제 입장에 대해서 부담스러워했겠죠. 저도 요즘 세상에는 좋은 혼처는 아니잖습니까. 그렇게 잘 안 되다가 문중 어른께서 소개해 주셨는데, 선보는 자리에서 심각한 얘기는 많이 안 했어요. 왜냐하면 문중 어른께서 소개를 해 주셨고, 어느 정도는 기본 사항은 알고 나오리라고 생각을 했었지요. 그리고 선보는 자리에서 책임과 조건에 대해서 얘기하고, 이런 것들을 감내할 수 있다면 "그럼 결혼합시다" 이렇게 하긴 싫었어요. 이런저런 얘기를 하는 가운데 호감이 생기고 끌림이 있었나 봅니다. 만난 지 5개월 만에 결혼을 했죠. 아내는 본이 영천최씨입니다.

아내는 처음엔 종가가 어떤 집인지도 잘 몰랐죠. 혼인하기 직전에 부조위를 모신 별묘에 "이제 혼인을 하게 되었습니다"라는 고유告由를 했었는데, 한복 입고 절 올리고 하는 그런 격식과 도리가 어떻게 보면 힘들었겠지만, 아내는 그런 거보다는 처음 경험해 보는 일들이니까 좀 흥미롭기도 하고 또 얼떨결에 지냈던 거 같습니다. 우리가 객지에 있으니까 자주 못 오고 설이나 추석 명절 같은 때나 찾아뵙잖아요. 그럴 때는 많은 분들이 모이게 되는데, 제사와 같은 행사를 치르고 또 여러 식구들이 먹고 자고 해야 하니까 쉼 없이 식사준비와 설거지를 해야 되고, 이런 부분들이 많이 힘들겠죠. 그러니까 어떻게 보면 집사람이 종가·종손·종부에 대해 잘 알았다면 제가 장가를 못 갔을 거 같고, 오히려 잘 몰랐기 때문에 결혼을 하지 않았나 싶어요.(웃음)

제가 딸만 둘이고 후사를 더 볼 수 없는 상황이다 보니 가계 계승 문제가 큰 걱정입니다. 불효한 저희 내외가 이 부분에 있어서는 선조와 문중 어른들께 뵐 면목이 없습니다.

4) 초보 종손으로서의 삶

아직 종손으로서 해야 할 일을 많이 못하고 있어서 죄스러울 따름입니다. 주된 임무로 봄 향사와 가을 시사에 초헌관을 맡아서 받들어야 되는데, 지난 가을에 시제 지내면서 처음 초헌관을 했었습니다.…… 개인적인 시간이 별로 없어요. 개인적인 일에 종손으로서의 일이 더해지는 거니까 당연히 힘들긴 하지요. 문중에 혼례나 상례가 있으면 안동과 서울, 대구 등 지방에 가능한 다녀와야 합니다. 오늘도 인터뷰 끝나고 서울 상가에 가야 됩니다.(웃음)

본격적인 종손으로서의 삶을 살아야 되는데, 제 윗대까지는 종손의 역할을 훌륭하게 수행하신 분들이었고, 초보인 저는 이제 하나하나 배워 가야 하는 상황이어서 비교도 안 될 정도로 부담이 많이 됩니다. 시대적인 상황이 과거와는 많이 다른 것 같습니다. 젊은 사람들이 없고, 지금 문사를 보시는 어르신들의 연세가 대부분 70~80대로 연로하십니다. '다음 세대부터는 시대상황도 고려해야 하고, 전통을 크게 훼손하지 않는 범위 내에서 어떻게 하면 잘할 수 있을까, 그리고 타 문중과의 관계와 유림사회 활동을 어떻게 해야 할까' 등 저의 고민거리이자 큰 숙제입니다. 저 자신이 좀 더 노력하고 나름대로 공부도 열심히 해야 되겠고, 주위에서 도와주시는 분들도 있어야 되겠지요.

같은 고민을 나눌 수 있는 타 문중의 차종손 분들과 교류가 있으면 생각을 발전시키는 데 도움이 될 수도 있겠어요. 그런 모임이 있다고 들었는데, 그런 모임에 안 나가 봐서 잘 모르지만 연령대도 다양하신 것 같아요. 그래도 비슷한 고민들을 하고 있는 분들의 모임이니까 아무래도 도움이 많이 되겠죠.

'봉제사 접빈객' 도 제가 고향에 살면서 어느 정도 경험을 하고 나서야 가능하겠지만, 아직 종손으로서의 보람 같은 것은 말씀드리기가 이른 것 같습니다.

5) 고향에 내려와 생활할 계획

안동 고향에는 회사를 퇴직하게 되면 내려와야겠지요. 군자마을 관장 아재는 제가 내려오면 넘겨주고 가신다고 자꾸 그러시는데, 제가 좀 늦게 내려오면 좀 더 아재의 도움을 받지 않을까요.(웃음) 삶에 있어서 경제적으로 필요한 것이 있고 또 직장생활의 매듭을 잘 지으려고 한다면, 아직 몇 년 정도는 객지생활을 더 해야 될 것 같아요. 어머니가 연로하시기 때문에 좀 상황을 봐야 되겠지만요. 당분간은 문중 어른들의 힘을 많이 빌려야 할 것 같습니다. 여하튼 저는 우리 문중을 위해서 봉사하며 남은 생을 살아야 한다고 생각해요. 그것이 저의 숙명이기도 하구요.

제가 자랑스러운 것은 무엇일까요? 우리 선조들이 존경받는 부분에 대해서는 지역사회에 잘 알려져 있는데, 이런 훌륭한 가문의 후손이라는 것과 특히 후조당 선조의 종손이라는 것이 자랑스럽지 않을 수 없습니다.

안동댐 건설로 인한 수몰이라는 불가항력적인 상황 때문에 이곳 군자마을에 고택들이 다 모이게 되고, 또 그렇게 됨으로써 숨어 있던 훌륭한 유산이 빛을 발하게 되었는데, 우리 문중 모두가 자긍심을 갖고 이를 잘 보존해야 한다는 마음과 잘 화합해야 된다는 마음을 갖게 된 것은 우리 문중의 홍복인 것 같아요. 600여 년 동안 역사를 잘 보존해 온 집이 흔한 것은 아니지 않습니까? 그래서 이 모든 것들이 저는 자랑스럽습니다.

한 삼사십여 년 전부터 조부께서 문중 어른들과 상의하여 이곳에 종택과 고택들을 다 모으셨는데, 많은 문중 어른들의 관심과 지원이 있었고 또 우리 문중이 잘되기를 서로 소망했기 때문에 우리 후손들이 다 잘되는 거 같아요. 그런 걸 보면 우리 문중의 가운이 상승하고 있지 않나 생각이 됩니다. 이제 제가 그 중심에 있는 거니까 그 자체가 자랑스럽고, 앞으로 더 잘되리라고 저는 낙관합니다.

김세중 탁청정 종손과 함께

6) 후조당종가의 미래에 대한 생각

'앞으로 어떻게 해야 할까', 고민이 많이 됩니다. '그냥 해오던 대로 잘 유지만 하면 되겠지' 라고 쉽게 생각할 수는 있는데, 유지하는 것만도 굉장히 어려운 일이죠. 그런데 과거 방식을 그대로 유지하는 것은 그 자체로 어려운 일이기도 하지만 시대상황에 맞지도 않는 것 같아요. 아까 말씀드렸듯이 시대조류에 맞게 좀 합리적인 방안으로 바꾸긴 해야 되겠는데, 그렇다고 해서 지금까지 이어져 내려오는 전통을 그냥 딱 접고 다른 어떤 걸 하는 것이 '계승'은 아니잖아요. 저뿐 아니라 많은 분들이 이런 부분에 대해서 고민을 하고 있기 때문에 어떻게 해서든 방안이 나오겠죠.

지금 저와 비슷한 연배에 문사를 도와주고 계신 분은 없죠. 왜냐하면 저도 아버지 따라다니면서 뵀던 분들이 다 지금 60대 이상이시거든요. 제가 막상 본격적으로 일을 할 때면 그 어른들 모시고 일을 할 수가 없잖아요. 그래서 비슷한 연배의 젊은 문중 분들이 같이 일을 할 수 있게끔 하는 것이 저에게 필요한데, 참 어려운 부분이에요. 지금도 문사나 제사에 연세 많으신 기존 어른들이 대부분이시거든요. 그 자손들이 어른들로부터 배우고 차츰 알게 될 것인데, 현대사회가 바쁘다 보니 참여를 잘 못하고, 가끔 참여한다 해도 얼굴도 잘 모르는 상황에서 얼마나 동기 부여가 될 건가는 의문이거든요.

예전에는 문중에서 학생들을 여름방학 때 따로 모아서 한문을 가르치곤 했어요. 제가 대학교 다닐 때는 '오천청소년회'라는 것이 있었는데, 열정을 가지신 한 문중 어른께서 발족하셔서 한동안 잘되다가 그분이 돌아가시자 중단되고 말았습니다. 그때는 회장단이 구성되어 몇 개월 전부터 그 행사를 직접 준비하였습니다. 행사 치르면서 서로 친해져서 행사 끝나고도 서울 신촌 같은 데서 만나서 맥주도 한 잔씩 하고 그랬는데, 대학 졸업 후에는 만날 기회가 없었어요.

앞으로 문중 내 네트워크를 형성하는 것이 매우 중요합니다. 어떤 형태로든 연결되고 모여야 됩니다. 일회성에 그치지 않고 지속될 수 있는 그런 관계가 필요한 거죠. 이제 차근차근 시작해야 하는데, 좀 생각을 많이 해야 합니다. 옛날에는 문중 구성원들의 대부분의 삶이 종가·종손 중심으로 돼 있었기 때문에 문중일도 한 번 맡게 되면 장기간 혹은 종신토록 그 일을 하곤 했지요. 이제는 당대에서 끝내려는 경향이 있는 것 같아요. 우리 군자마을이 이렇게 단지가 훌륭하게 꾸며져서 누구나 방문하면 자랑스럽게 생각하지만, 실제로 우리가 종가문화를 잘 계승하기 위하여 문중의 각자가 어떤 기여를 할 건가는 또 다른 문제이거든요. 문사를 치르려면 물리적으로 필요한 인력들이 있어서 최소한의 인원이라도 구성되어야 하는데, 그렇지 않으면 어려운 상황에 직면하게 됩니다.

종가가 지역사회에 나름대로 기여를 하고 있는데, 앞으로 후조당이 어떻게 기여해야 할지에 대해서는 아직 구체화된 게 없어요. 서양의 경우를 생각해 봤습니다. 제가 프랑스에 가 봤는데 거기는 캐슬(Castle)이라는 게 우리나라 종가 고택 있듯이 있어요. 그 안에 들어가 보면 거의 박물관처럼 꾸며 놨어요. 그래서 입장하는 데 요금을 내는데, 적은 금액은 아니더군요. 그 안에 유물들에 대해 설명해 주는 학예연구사(큐레이터)도 있고, 편안하게 와서 공원처럼 즐기다 갈 수도 있고, 관광객들이 와서 보고 갈 수도 있지요. 그런 경제적인 유지 관점에서 봤을 때 나라에서 운영할 수도 있고, 프랑스니까 개인적으로 와이너리 같은 것을 운영하는 데도 있고요. 그런 점에선 우리나라 종가도 비슷한 환경인 거 같거든요. 아시다시피 저희뿐 아니라 다른 문중, 종가에서 고택체험 같은 걸 하고 있습니다. 나름대로 어떤 소득을 얻을 수 있는 개념으로 가는 것은 맞는데, 그 수입으로만 고택들을 유지 보수해야 하니 많이 부족합니다. 그런데 각 고택마다 좀 차이가 있는 것 같습니다. 집들의 규모도 다르고, 집 주인들이 어떻게 하느냐에 따라서 차이가 있고, 그에 따른 평가와 반응도 달라서, 수입에도 영향이 있겠지요. 정부지원도 일부 있겠지만, 기회가 있을 수도 없을 수도 있고, 또 어떻게 운영하고 활동하느냐에 따라 규모가 결정되기도 하고, 같은 예산이라도 효율적으로 잘 활용하거나 혹은 흐지부지 없애거나 다양하겠지요. 안동지역은 문중과 고택들이 너무 많기 때문에 혜택의 형평성이나 부족함 등의 불만도 많은 것 같습니다. 정부나 지방자치단체 시도에서도 관심과 사명감을 가지고 많은 예산을 집행함에도 불구하고, 효과적으로 잘 집행되었는지에 대한 관점으로 본다면 회의적인 부분도 있을 거라고 생각돼요.

마지막으로, 감사하게도 경상북도의 예산을 받아 종가책자 발간사업을 추진하고 있는 경북대학교 영남문화연구원 종가팀

이 활동하고 계신 것도, 앞에 말씀드린 부분들이 좀 제대로 알려지고 훌륭한 전통이 잘 계승될 수 있도록 하는 데 목적이 있는 거 아니겠습니까. 그래서 우리 종가들도 고택을 오래 보존하려면 사람이 살아야 하는데 이를 고택체험으로 해결한다든지, 관광상품화할 콘텐츠를 개발해서 부가가치도 높이는 등, 이런저런 방법들을 생각해 봅니다. 종가를 살리고 정신적인 문화유산을 잘 보존하여 후대에 물려주기 위한 절박감에서 이를 위한 노력들을 하다 보면 결국 최선의 방안이 나오지 않을까 희망적인 생각을 해 봅니다.

君子
마을

제6장 군자리 문화재단지 운영의 현재와 미래

1. 군자리의 현재

'군자리' 는 바야흐로 옛 영광을 재현하고 있다. '계암정溪巖亭' 이 단아하게 지어졌으며, '군자마을—문화 · 역사 만들기' 의 다양한 행사는 전통 안동의 볼거리를 제공하는 데 부족함이 없다. 더구나 이런 행사들이 마을 주민들과 함께하고 있다. 그리고 닫혀 있던 집들도 이제는 활짝 개방되었다. 지난해부터는 누구든지 신청하면 고가에서 하룻밤 잘 수 있다. 안동 고가의 숙박은 그 자체가 교육이고 체험이다. 그런 체험에서 이 집의 오랜 역사 향기를 맛볼 수 있음은 말할 필요도 없다. '군자리' 의 이런 변화는 전 안동문화원 원장 고 김준식 선생의 결단이 크게 작용하고 있다.

최근 이 집에는 문文의 명가답게 볼만한 책이 나왔다. 『국역 오천세고』와 『단산유고』, 『국역 설월당집』과 『김남수 자료집』이다. 이들 책들은 어제의 오천 광산김씨 가문을 알게 하는 중요한 자료이다. 뿐만 아니다. 이미 나와 있는 책으로 『오천군자리』, 『군자리－그 문화사적 성격』 등도 있다. 그 가운데 『오천군자리』의 서문에는 온갖 고난을 감당하고 오늘의 군자리를 조성한 종손의 조부 고 김택진 선생의 글이 있는데, 그 말씀 한마디 한마디가 바로 이 집의 정신이고 좌표이다. 그 글 일부를 옮겨 본다.

> 새 고향 새 터전을 이룩함은 교육의 도장으로 승화시켜서, 그저 조상을 자랑하고 어떤 전시효과를 일삼는 과장된 관광지가 아닌, 조상의 얼을 계승 보존하는 데 그 의의를 찾아야 한다.

1) 군자리를 지키고 있는 사람들

현재 군자리에 상주하는 사람은 그리 많지 않다. 종택이 본래 자리에 있던, 형제 · 숙질 · 재종 · 삼종 등이 집성촌을 이루었던 그때와는 무척이나 다르다. 그러나 노종부가 군자고와를 지키고 있으며, 종손은 서울에서 바쁜 직장생활 가운데서도 문중 행사가 있을 때마다 빠지지 않고 종택에 내려와 종손 역할에 최선을 다하고 있다. 종손의 막내 숙부인 김방식 관장이 거의 군자리에서 생활하면서 고택체험을 비롯한 각종 행사와 군자리 관리 · 운영을 맡고 있다.

탁청정종택에는 서울에 사는 김세중 종손이 자주 내려오고, 외손인 이미령(이창동 전 문화관광부장관 누이)은 한옥이 좋아 여기서 사는 기간이 길다. 군자고와 뒤편 아호고려雅湖古廬에는 김응한 어른이, 그 동생인 김준한 경상북도 문화콘텐츠진흥원장은 같은 집 별채인 오천헌烏川軒에 자주 들어와 지낸다. 주사에는 김용수 씨 내외가, 군자고와 옆에는 사촌댁이 살고 있다. 후조당 뒤편으로는 김기종 내외가 주거를 마련하여 살면서 농사를 짓고 있다.

군자리 문화재단지 길 건너편 자연부락에는 일가인 김동한 내외, 김명한 내외, 고 김욱한의 부인, 조금 늦게 들어 온 김문한 내외가 거주하면서 종가 일을 헌신적으로 돕고 있다. 그리고 조마리 쪽에 살고 있는 김용걸은 안동의 문중 출입을 도맡아 하고 있다. 서울에 살면서 종가 일에 큰 힘을 보태 준 김응한, 김용한, 김두한 제씨는 군자리 조성 등에 필요한 모금에 노고가 많았으며 종가의 향사나 묘제 등 큰일이 있으면 단체로 버스를 타고 안동에 온다. 위선향념爲先向念이 대단하다고 할 수 있다.

예나 지금이나 한 집안이 되려면 종택을 중심으로 여러 종원이 힘을 모아 주어야 가능하다.

고인이 된 김준식 전 종손이 계실 때부터 종가의 고택체험 등 여러 가지 일을 맡아 온 김방식 관장은 "과거에는 부리는 종

오른쪽부터 김광림 국회의원(안동시), 주낙영 경상북도 행정부지사, 유정복 안전행정부 장관, 한 사람 건너 김방식 관장(군자마을 현황 설명), 권영세 안동시장

이 있어 종가의 일을 해 왔지만, 이제 종가도 소득이 없으면 유지하기 어렵다"라고 말한다. 종가의 핵심 기능인 봉제사 · 접빈객은 결코 쉬운 일이 아니다. 앞으로 종가가 본래의 기능을 어느 정도 유지하느냐 하는 것은 개별 종가의 종손 · 종부가 확고한 신념을 견지하느냐와 종원들이 종가의 대소사에 얼마나 적극적으로 협조하느냐에 달려 있다. 지금 종가의 전통 계승은 위급존망의 기로에 서 있다고 할 수 있다. 이미 멸실되었거나 멸실의 과정을 밟고 있는 종가가 많기 때문이다. 경상북도에서 지역의 특별한

외국 관광객

전통문화인 종가를 종합적으로 연구하여 개별 종가책자를 발간하고 자료를 축적하며 종가포럼을 열고 종가의 문장 · 인장 사업을 추진하는 소이가 여기에 있다.

2) 고택체험 실태

최근에 와서 군자리는 관광객과 숙박 · 체험객이 많아 안동의 관광지로서 빼놓을 수 없는 명소가 되었다. 대략 추산해 보면 연간 10만 명 정도가 찾고 있으며 숙박객도 4,000명을 넘어선다고 한다. 국가의 고택명품화 및 고택체험 사업이 결실을 맺고 있음을 군자리에서 확인할 수 있다. 유명인은 물론 외국인도 즐겨 찾는다. 관광객은 추운 겨울을 빼면 꾸준하게 찾는 편이다. 대체로 가족 단위나 단체손님이 많다. 마을에는 한옥을 이용한 여러 가지 행사가 열린다. 도산구곡문화연대 학술회의를 비롯하여, 음악회, 영화 촬영, 국수전 예선 등 그 내용이 매우 다양하다.

2. 군자리의 미래

후조당종가는 노종부의 거주, 종손의 계종 의지, 관장의 역할, 종원의 향념 등으로 보아 가까운 미래에 대한 전망은 긍정적으로 생각된다. 또한 도산구곡문화연대, 경상북도 문화유산보존회, 안동문화지킴이 등 크고 작은 민간 차원 단체들의 활동이 있어 더욱 힘을 보태 줄 것으로 보인다. 여기에 더하여 경상북도나 안동시의 종가문화 보존에 대한 행정적 · 재정적 지원이 비교적 활발하게 이루어지고 있으니, 이러한 민관의 유기적인 협조가 군자리의 미래를 밝게 한다. 이러한 시각으로 보았을 때, 현실적으로 어려운 면이 없지는 않으나 군자리의 종가문화는 어느 정도 이어질 수 있을 것으로 판단된다.

(사)안동군자교육원 설립 기념식(왼쪽부터 김용만 고문(필자), 이방수 고문(대산 종손), 김동성 한학자, 권오신 고문, 김방식 이사장, 김성규 원장, 권기한 사무국장, 김우동 박사(한국국학진흥원))

그럼에도 불구하고 장기적인 전망은 어려운 것이 사실이다. 그래서 경상북도에서는 종가 유지에 필요한 일들, 예컨대 종가 건축물의 유지 · 관리를 지금처럼 하고 나아가 부조위 제수비와 인건비를 마련하고 종택 풀 뽑기 같은 일들을 실행하는 등 보다 실질적인 지원을 실시하는 한편 종손 · 종부의 고령화로 인한 애로를 해소하고 젊은 후손이 거주할 수 있도록 내부 시설을 개수하는 등 다각적인 정책을 수립하고 예산을 교부해야 한다.

이처럼 종손 · 종부와 종원, 지역유림, 각급 행정기관이 긴밀한 관계를 맺고 적절한 역할을 한다면 종가문화의 계승이 그리 어려운 일도 아닐 것이라는 생각이 든다. 모두가 경북의 종가를 유네스코 세계문화유산으로, 부조위 제사를 유네스코 세계무형유산으로 지정할 그런 각오로 임했으면 하는 바람이다.

최근 경상북도로부터 (사)안동군자교육원(이사장 김방식, 원장 김성규, 국장 권기환)이 인가되었다. 이 법인은 현재 군자리에서 행해지는 각종 사업을 담당하고 또 새로운 사업을 구상 · 추진하는 구심체가 될 것으로 기대된다. 법인에 참여하는 임원과 회원들이 적극적으로 활동한다면 괄목할 만한 성과를 올리는 것도 어렵지 않을 것이다. 군자리의 미래를 밝힐 한 줄기 찬란한 빛이 보인다.

참고문헌

『光山金氏禮安派譜』 上 · 下.

『光山金氏退村公派譜』 上 · 中 · 下.

『松石遺稿』 및 『實記』(필사본, 후조당종가 소장).

이성원, 「군자마을 '외내' 의 약사」(보고서).

경상북도 · 경북대 영남문화연구원 편, 『경북종가 종합연구』, 2010.

광산김씨 예안파 숭원회, 『君子마을』, 2001.

국립문화재연구소 편, 『종가의 제례와 음식』, 예맥, 2008.

김용만, 『朝鮮時代 私奴婢研究』, 집문당, 1997.

대구은행, 『거대한 버팀목 종가』(『향토와 문화』 29), 2003.

박홍갑, 『조선조 사족사회의 전개』, 일지사, 2012.

영주문화유산보존회, 『영주 불천위 종가의 제례와 음식』, 영주시, 2010.

이수건, 『영남사림파 연구』, 영남대학교 출판부, 1980.

______, 『영남학파의 형성과 전개』, 일조각, 1995.

______, 『한국의 성씨와 족보』, 서울대학교 출판부, 2003.

이수건 외, 『16세기 한국고문서연구』, 아카넷, 2004.

이수건 편저, 『경북지방 고문서집성』, 영남대학교 출판부, 1981.

이순형, 『한국의 명문종가』, 서울대학교 출판부, 2000.

한국국학진흥원, 『국역 烏川世稿』 상 · 하, 2005.

한국국학진흥원 · 영남유교문화진흥원 편, 『慶北儒學人物誌』 상 · 하, 2008.

한국정신문화연구원, 『光山金氏烏川古文書』(『고전자료총서』 82-2), 1982.12.